Marie-Agnes Strack-Zimmermann
Streitbar

Marie-Agnes
Strack-Zimmermann

STREITBAR

**Was Deutschland
jetzt lernen muss**

dtv

*Meinen Enkelkindern Louisa, Moritz und Liza und
all denen, die noch geboren werden. Auf dass auch sie,
wie ihre Großmutter, in einer friedlichen und freien
Welt aufwachsen und leben dürfen.*

© 2022 dtv Verlagsgesellschaft mbH & Co. KG, München
Umschlaggestaltung: hißmann, heilmann, hamburg
Umschlagmotiv: IMAGO / Emmanuele Contini
Satz: Fotosatz Amann, Memmingen
Gesetzt aus der DTL Documenta
Druck und Bindung: CPI books GmbH, Leck
Printed in Germany · ISBN 978-3-423-26346-7

»Es kann nicht die Aufgabe eines Politikers sein,
die öffentliche Meinung abzuklopfen und dann
das Populäre zu tun. Aufgabe des Politikers ist es,
das Richtige zu tun und es populär zu machen.«

Walter Scheel

INHALT

I. WAS AUF DEM SPIEL STEHT

II. DEUTSCHLANDS LAGE
Geopolitisch 19
Gesellschaftlich 34
Als globaler Spieler in der Welt 45
Bundeswehr und äußere Sicherheit 57

III. DEUTSCHLANDS AUFGABEN
In der Gesellschaft 77
In der Politik 84
In der Europäischen Union 99
In der NATO 103

IV. WAS SICH ÄNDERN MUSS
Sicherheitspolitik 111
Energie 114
Ressourcen 116
Bundeswehreinsätze 117
Deutschland muss führen 121
Russland nach Putin 123
Die Welt im Ringen zwischen
  Demokratie und Autokratie 125
Flucht und Vertreibung 127
Europäische Union 130
Appell 133

Dank 135

I.
WAS AUF DEM SPIEL STEHT

Ich erlebe jeden Tag, wie sehr sich Menschen nicht nur in ihrem Blick auf die Welt unterscheiden, sondern auch darin, was sie zur Priorität ihres politischen Denkens machen. Wir brauchen Pluralität in unseren Parlamenten, um die gesamte Bevölkerung unseres Landes zu repräsentieren, aber auch, um die eigenen Positionen immer wieder zu reflektieren und zu hinterfragen. Demokratie lebt von der gepflegten politischen Auseinandersetzung, auch vom Streit. Keine politische Position ist so gut, dass sie nicht infrage gestellt werden könnte. Das Ringen um das bessere Argument und die richtige Antwort ist eine tägliche Herausforderung, die wir fair angehen müssen.

Aber es gibt einige wenige, ganz wesentliche Positionen, die sich der politischen Debatte entziehen. Sie sind nicht verhandelbar, und ein Schlagabtausch grundsätzlicher Art darüber verbietet sich, weil sie das Fundament bilden, auf dem wir stehen – auf dem dieses Land steht. Das sind unsere Grundüberzeugungen, aus denen sich alle unsere Rechte und alle unsere Pflichten ableiten:
- die Achtung der Menschenwürde,
- das Recht, sich frei zu entfalten,
- die Gleichheit vor dem Gesetz,
- die Freiheit des Glaubens und des Gewissens,
- die Meinungs- und Versammlungsfreiheit,
- Demokratie und Rechtsstaatlichkeit.

I. WAS AUF DEM SPIEL STEHT

Unsere Grundwerte gelten für den Staat und für jedes einzelne Individuum. Sie machen unsere Art zu leben aus und sie unterscheiden unser Gemeinwesen von anderen Lebensweisen und Systemen.

Von diesen Werten sprechen wir, wenn wir die europäische Wertegemeinschaft beschwören und weltweit nach Wertepartnern suchen.

Diese Werte meinen wir, wenn wir von einer wertebasierten Außen- und Sicherheitspolitik sprechen.

Diese Werte sind es, die wir am Ende auch bereit sein müssen militärisch zu schützen und gegenüber den Despoten dieser Welt zu verteidigen.

Diese Werte sind in unserem Grundgesetz und in den Verträgen der Europäischen Union postuliert.

Diese Werte bilden den Kern unseres heutigen Staates: die freiheitlich-demokratische Grundordnung. Als Lehre aus den furchtbaren Verbrechen der Nationalsozialisten wurde diese Grundordnung in besonderer Weise geschützt und der Staat entsprechend ausgestattet, um sich gegen seine Feinde rechtsstaatlich zur Wehr setzen zu können. Seit Gründung der Bundesrepublik werden diese Werte gelebt und mit Leben gefüllt und über siebzig Jahre hinweg auch verschiedentlich ergänzt. Der Rechtsstaat und die Teilhabemöglichkeiten der Bürgerinnen und Bürger wurden fortwährend modernisiert und verbessert. Insbesondere die Freiheitsrechte und die Gleichstellung aller Menschen haben in über sieben Jahrzehnten Bundesrepublik massive Fortschritte gemacht.

Gemeinsame Wertvorstellungen ihrer Mitglieder sind es auch, die den Unterschied machen zwischen der heu-

I. WAS AUF DEM SPIEL STEHT

tigen Europäischen Union und ihren Vorgängerorganisationen. Von einer rein wirtschaftlichen Zweckgemeinschaft – der Montanunion – hin zur heutigen Wertegemeinschaft ist unser modernes Europa einen langen Weg gegangen. Die europäische Erweiterung und die Integration neuer Mitglieder orientieren sich daher eben nicht nur an wirtschaftlichen Kennzahlen, sondern vor allem an der Verfasstheit der Staaten, an ihren Rechtssystemen und an der Entwicklung ihrer Gesellschaften.

Die Europäische Union muss sich an ihrem entschiedenen Umgang mit reaktionären Entwicklungen in Mitgliedsstaaten wie Polen oder Ungarn messen lassen und bei der Aufnahme neuer Mitglieder streng darauf achten, dass die wertebasierten Bedingungen ohne Ausnahme erfüllt und gelebt werden.

Mit den Erfahrungen der menschenverachtenden nationalsozialistischen Diktatur und des blutigen Zweiten Weltkriegs, später auch mit den bitteren Erfahrungen des sozialistischen Willkürregimes in der Deutschen Demokratischen Republik, wertschätzten die meisten Deutschen das Privileg, frei und rechtssicher zu leben. Mindestens drei Generationen waren sich sehr einig im Wissen um die Bedeutung unseres Grundrechtekatalogs.

Heute freilich sehen es zunehmend viele Menschen nicht mehr als grundsätzliches Privileg an, auf Basis dieser Werte zusammenleben zu dürfen. Sie sind daran gewöhnt – mehr als fünfundsiebzig Jahre nach dem Ende des Zweiten Weltkriegs und der NS-Diktatur, mehr als dreißig Jahre nach dem Ende der DDR. Die Errungenschaften des demokratischen Rechtsstaats werden als selbstverständlich hingenommen, doch leider fehlt oft das Gespür dafür, dass vermeintliche Gewissheiten zerfallen können.

Die freiheitlich-demokratische Grundordnung ist aber nicht allein Sache der Staatsorgane und der Politik. Sie muss von uns allen, von uns als Gesellschaft mit Leben erfüllt werden. Jede Generation muss ihren unschätzbaren Wert erkennen und gegen Angriffe verteidigen. Unsere Grundordnung ist eben nicht von Gott gegeben, sondern existiert nur als gesamtgesellschaftlicher Konsens. Wie wir mit Bedrohungen und Herausforderungen all unserer Werte umgehen, beschreibt die Wehrhaftigkeit unseres Staates und die Resilienz, also die wahre Widerstandsfähigkeit unserer Gesellschaft.

Während wir in den vergangenen Jahren überwiegend mit Feinden unserer Werteordnung innerhalb des eigenen Staates konfrontiert waren, mit Terroristen, Extremisten, Kriminellen und Verschwörungstheoretikern, wird spätestens seit dem russischen Angriff auf die Ukraine auch die Bedrohung von außen sichtbar und in vielerlei Hinsicht dramatisch spürbar.

II. DEUTSCHLANDS LAGE

Es gibt also etwas, das schützenswert ist und das wir bewahren wollen. Das sind nicht nur Wohlstand und territoriale Sicherheit, sondern auch unsere Gedanken, unsere Überzeugungen, unsere Grundwerte. Eine ernst zu nehmende Gefahr steckt in der oft fehlenden Verknüpfung des Materiellen und des Immateriellen. Demokratie, Menschenrechte, Freiheit, Gleichheit und Rechtsstaatlichkeit werden von manchen nur als Vehikel zu Wohlstand und Sicherheit begriffen. Sie sind sicher ideale Voraussetzungen für ein prosperierendes Land, aber sie stehen für sich selbst, ganz unabhängig von der aktuellen wirtschaftlichen Lage.

Wie ist es also aktuell um diese Werte bestellt? Welchen Bedrohungen sind sie ausgesetzt? Sind wir in Deutschland, in Europa, im freien Westen überhaupt mental und praktisch darauf eingestellt, uns gegebenenfalls zur Wehr zu setzen und robust für unsere Werte einzustehen? Wo lauern die Gefahren und welches sind unsere Mittel, diesen Herausforderungen zu begegnen?

Geopolitisch

Die Zahl der Menschen, die in Staaten leben, in denen unsere Grundwerte nicht oder nur begrenzt gelten, steigt momentan signifikant. Auch in demokratisch gefestigten Staaten haben Parteien immer mehr Zulauf, die diese Werte unverhohlen und offen ablehnen. Deutschland, seine Partner und Verbündeten in der EU und der NATO haben sich bisweilen schwer damit getan, auf diese Anfeindungen aus dem Inneren zu reagieren, denn es gerät nicht nur die Demokratie als System im internationalen Wettbewerb unter Druck, sondern auch die Demokratien selbst müssen sich gegen innere Zersetzungsbestrebungen wehren. Außerdem kam es in den vergangenen Jahren zunehmend zu Spannungen innerhalb der westlichen Bündnisse. Diese Konflikte haben sich nicht zuletzt an der Frage entzündet, wie man mit Russland umgeht.

Auf genau diese Zerrissenheit hat Putin gesetzt, als er seine Truppen am 24. Februar 2022 in die Ukraine einmarschieren ließ. Er spekulierte darauf, dass der Westen keine einheitliche Antwort finden und ihn der Umgang mit diesem Völkerrechtsbruch letztlich spalten würde. Vermutlich zu unserer eigenen Überraschung sehen wir aber: Putin hat sich getäuscht. Die EU, die NATO, die G7, ja die gesamte westliche Wertegemeinschaft sind sich

II. DEUTSCHLANDS LAGE

einig in der Verurteilung dieses Krieges und zeigten in ihrer Reaktion darauf Entschlossenheit und Geschlossenheit.

Gleichwohl hat der Krieg in der Ukraine die europäische wie die globale Sicherheitsarchitektur erschüttert. Putin hat die Grenzen des Vorstellbaren verschoben. Wir müssen uns siebenundsiebzig Jahre nach Ende des Zweiten Weltkriegs wieder mit Szenarien beschäftigen, in denen ein Staat im wahrsten Sinne des Wortes Grenzen überschreitet, nach dem Territorium eines anderen Staates greift und nicht einmal davor zurückschreckt, damit das größte Verteidigungsbündnis der Welt herauszufordern. All die im Westen geplanten militärischen Vorbereitungen, alle möglichen Konfliktszenarien, deren Sinn in den vergangenen Jahren von nicht wenigen angezweifelt, ja belächelt worden sind, erweisen sich nicht nur als dringend erforderlich, sondern zeigen, dass sie sogar unzureichend waren. Insbesondere Europa muss die Herausforderung annehmen, die europäische Säule in der NATO stärken und ausbauen. Denn die NATO erwähnt in ihrem aktuellen strategischen Konzept: »The Euro-Atlantic Area is not at peace.«

Die Reaktion der NATO auf die fortgesetzte russische Aggression Ende des Jahres 2021 und den Kriegsbeginn unmittelbar danach war präzise und unmissverständlich. Alle Staaten im Bündnis haben souverän reagiert, Ruhe bewahrt und den an Russland grenzenden NATO-Partnern sofort umfassende Unterstützung zugesagt. Die USA haben deutlich mehr Truppen nach Europa verlegt, und in Ergänzung der bereits bestehenden ›Enhanced

GEOPOLITISCH

Forward Presence‹ im Baltikum und Polen wurden die ›Enhanced Vigilance Activities‹ in der Slowakei, in Rumänien, Bulgarien und Ungarn begründet.

Vor allem meine Generation, ich bin Jahrgang 1958, fühlt sich durch die russische Aggression an Konflikte des Kalten Krieges erinnert. Aber vergleichbar ist die Situation nicht. Es gibt längst keine bipolare Ordnung mehr, in der sich die Welt aufteilt in US-amerikanische und sowjetische Einflusssphären. China ist als Weltmacht auf die Bühne getreten und fordert international die Vereinigten Staaten stark heraus. Russlands globale Bedeutung entspricht bei weitem nicht mehr der der Sowjetunion.

Der russische Angriff fällt nicht zufällig in eine Zeit, in der die Vereinigten Staaten ihren sicherheitspolitischen Fokus auf den Indopazifik gerichtet haben und ihr Augenmerk nicht mehr primär dem transatlantischen Bündnis gilt. Die Gemengelage weltweit ist unübersichtlicher und mit Blick auf die Schwellenländer deutlich komplexer geworden. Das zeigt sich auch in der Vollversammlung der Vereinten Nationen. Als es den russischen Angriffskrieg auf die Ukraine zu verurteilen galt, stimmte zwar eine deutliche Mehrheit der Staaten zu, große und einflussreiche Länder wie China und Indien enthielten sich aber ihrer Stimme. Auch wirtschaftlich deutlich schwächere Staaten, etwa auf dem afrikanischen Kontinent, die enge Beziehungen zu Russland und China pflegen, dachten gar nicht daran, der vorbehaltlosen Verurteilung zuzustimmen.

II. DEUTSCHLANDS LAGE

Der russische Diktator hat diesen Krieg also in einer international volatilen Lage entfacht. Die Schwachpunkte der globalen Wirtschaft wurden im Laufe der Corona-Pandemie bereits deutlich und spürbar. Auch in Deutschland mussten wir mit Erstaunen zur Kenntnis nehmen, welche unmittelbaren Auswirkungen die Schließung von Fabriken in China auf unser Leben hat. Die weltweite Knappheit von FFP2-Masken und die Lieferengpässe von wichtigen Medikamenten lassen sich nicht ausschließlich durch den weltweit gestiegenen Bedarf erklären, sondern auch durch die Konzentration der Produktionsstätten in China und Indien. Dies sind brisante Beispiele für tatsächlich lebensbedrohliche Folgen eines jahrzehntelangen, in Teilen leichtfertigen Vertrauens auf einen uneingeschränkten Warenverkehr rund um den Globus.

Gleiches gilt für unsere Abhängigkeit bei der Energieversorgung. Sich größtenteils auf Russland verlassen zu haben und allen Warnungen zum Trotz bis zum letzten Tag an Nord Stream 2 festzuhalten, war ein unverzeihlicher Fehler der letzten Bundesregierung. Es geht nicht primär darum, nur mit »lupenreinen« Demokratien Verträge zu schließen und Handel zu treiben. Es geht darum, jederzeit handlungsfähig zu bleiben, die Zusammenarbeit etwa zu beenden oder auf Alternativen zurückzugreifen, wenn dies politisch erforderlich ist.

Handel, vor allem Freihandel, bringt die Welt zusammen. Aber in eine derartige Abhängigkeit zu geraten, besonders in Fragen der Grundversorgung, ist bemerkenswert verantwortungslos und grenzenlos naiv, denn es führt zu Zielkonflikten und letztlich zu dramatischer

GEOPOLITISCH

Unterversorgung. Erste Anzeichen davon haben wir gespürt, als die Vereinigten Staaten und China einen Wirtschaftskrieg geführt haben, in den wir als europäischer Wirtschaftsraum hineingezogen wurden.

Doch nicht nur der Import stellt uns vor immer größere Probleme. Als Exportnation müssen wir uns auch damit auseinandersetzen, in welche Länder wir exportieren können und wollen, ohne unsere Wirtschaft – und indirekt unser Land – abhängig oder gar erpressbar zu machen. In den vergangenen Jahren waren es nicht zuletzt die engen Beziehungen deutscher Firmen nach Russland, die als Argument gegen eine Verschärfung von Sanktionen angeführt wurden. Perspektivisch stellen die Wirtschaftskontakte nach China die bei weitem größere Gefahr dar.

Global betrachtet hat die Demokratie als Staatsform derzeit, milde ausgedrückt, keinen leichten Stand. Auf der einen Seite sehen wir niedergeschlagene beziehungsweise gescheiterte Demokratiebewegungen wie den ›Arabischen Frühling‹. Auch in der Sahel-Region wurden in mehreren Staaten Regierungen durch das Militär gestürzt. Und wir mussten zusehen, wie in den vergangenen Jahren antidemokratische Kräfte weltweit erstarkt sind.

Auch aus der westlichen Welt erreichen uns beunruhigende Signale. Ein Wahlerfolg wie seinerzeit der von Donald Trump in den USA muss uns ein deutliches Warnzeichen sein. Dass die Nationalistin Marine Le Pen zwei Mal in Folge in die Stichwahl um das Präsidentenamt unseres engsten Verbündeten Frankreich gelangen konnte,

II. DEUTSCHLANDS LAGE

kann uns nicht kalt lassen. Wohin der Weg dieser reaktionären Kräfte führt, zeigen uns die Beispiele Polens und Ungarns. Dort haben die Regierungen innerhalb weniger Jahre ihren Staat umgebaut und den Rechtsstaat immer weiter ausgehöhlt – unter den Augen der europäischen Gemeinschaft und entgegen der Präambel des gemeinsamen Vertrages über die Europäische Union: »In Bestätigung ihres Bekenntnisses zu den Grundsätzen der Freiheit, der Demokratie und der Achtung der Menschenrechte und Grundfreiheiten und der Rechtsstaatlichkeit ...« Im Umgang mit diesen autoritären Entwicklungen im Inneren muss die Europäische Union streitbar sein und ihre Wehrhaftigkeit beweisen.

Die Russlandpolitik einiger europäischer Staaten hat in der jüngeren Vergangenheit immer wieder zu Streit in der europäischen Gemeinschaft geführt. Wenngleich sich alle vom russischen Angriffskrieg distanziert haben, so ist doch die Nähe Ungarns zum Kreml mehr als deutlich. Viktor Orbán und seine Partei gehören zu den europäischen Kräften, die von Russland gezielt gefördert wurden, um die westlichen Demokratien zu schwächen und die Europäische Union zu spalten.

Putin hat aber nicht nur versucht, die bestehenden Bündnisse zu spalten, sondern auch neue Bündnisse zu verhindern und Verbindungen zu destabilisieren. Insbesondere die Staaten, die sich durch ihr Verhalten in der internationalen Staatengemeinschaft isoliert haben, erhalten Unterstützung aus Moskau. Ein Land bereitet uns seit Sommer 2021 besonders große Sorgen: Mali. Die Militärregierung, die dort nach einem Putsch im Mai 2021 an die Macht gekommen ist, hat den versprochenen demokratischen Prozess mit Neuwahlen immer weiter hinausgezögert. Die westafrikanische Regionalorganisation ECOWAS hat darauf mit Sanktionen reagiert. Die Beziehungen zwischen der malischen Regierung auf der einen und den ECOWAS, den Vereinten Nationen mit ihrer MINUSMA-Mission, der Europäischen Union mit EUTM-Mali und der ehemaligen Kolonialmacht Frankreich mit ihren Anti-Terror-Missionen auf der anderen Seite wurden immer schlechter. Als die internationalen Militärmissionen ihren Einsatz reduziert haben, hat die malische Regierung die Unterstützung der russischen Söldnertruppe Wagner angefordert. Mit diesen Söldnern greifen die malischen Truppen Dörfer und Ortschaften an, in denen sie islamistische Terroristen vermuten. Den Söldnern wird vorgeworfen, für Massenmorde und Massaker an Zivilisten verantwortlich zu sein.

Die internationale Gemeinschaft befindet sich in Mali in einer verfahrenen Situation: Auf der einen Seite kann man das Vorgehen der Militärjunta nicht akzeptieren, geschweige denn unterstützen, und muss klare Grenzen aufzeigen. Auf der anderen Seite darf man nicht zulassen, dass Russland sich mit seinen Truppen in diesem westafrikanischen Land breitmacht und in das Vakuum stößt, das die Franzosen hinterlassen haben. Aus malischer Sicht sind die Söldner und inzwischen auch die russische Armee die hilfreicheren Partner: Sie ziehen mit in den Kampf gegen den islamistischen Terrorismus und unterstützen direkt mit Ausrüstung und Waffen, und sie stel-

II. DEUTSCHLANDS LAGE

len keine Fragen und nehmen auch keine Rücksicht auf Zivilisten oder Menschenrechte.

Auch im zivilen politischen Bereich müssen wir feststellen: Wenn der Westen, wenn Europa, wenn wir ein Land nicht unterstützen, dann tun es andere. An der Spitze China, das nicht nur im Rahmen seiner Initiative Neue Seidenstraße in die Infrastruktur weltweit investiert. Im Gegensatz zur westlichen Entwicklungszusammenarbeit fragt chinesisches Geld nicht nach Korruption oder Arbeitssicherheit. Aber es macht die Länder abhängig, die die »Wohltaten« annehmen. Abhängig von einem System, das in sehr langen Zeitlinien denkt und über wirtschaftliche Dominanz an Einfluss gewinnen will.

Nach meiner Wahrnehmung besteht in Deutschland eine große Aversion dagegen, in Einflusssphären zu denken. Möglicherweise liegt dies auch an einem mangelnden Interesse an und mangelnden Kenntnissen über internationale Verflechtungen. Allein der öffentlich formulierte Gedanke, dass es auch nationale, innenpolitische und wirtschaftliche Gründe geben kann, und dass diese legitim sind, um sich im Rest der Welt zu engagieren, führte im Jahr 2010 zu einer Welle der Kritik, die Bundespräsident Horst Köhler sein Amt niederlegen ließ.

Dabei ist es relativ durchsichtig: Autoritäre Staaten versuchen durch finanzielle Unterstützung, Entwicklungs- und Schwellenländer abhängig und gefügig zu machen. Sie setzen keine Reformen oder demokratischen Entwicklungen voraus. Im Gegenteil, für sie ist ein instabiler Ansprechpartner das leichter zu steuernde Gegenüber.

GEOPOLITISCH

Der einzige Weg, diese Entwicklung zu verlangsamen und zu verhindern, ist, diesen Ländern eine Entwicklungsperspektive im demokratischen System aufzuzeigen und anzubieten.

Die internationale Diplomatie und die internationalen Organisationen haben in den vergangenen Jahren viele krisenhafte Momente durchlebt. Die vier Jahre der Präsidentschaft von Donald Trump haben nicht nur in den USA Brücken eingerissen, Gräben vertieft und bleibende Schäden hinterlassen. Auch in der Außenpolitik hat die Politik des »America first« den Glauben in den Multilateralismus geschwächt und die westliche Wertegemeinschaft auf eine harte Probe gestellt.

Der INF-Vertrag, der Open Skies Vertrag oder auch das Atomabkommen mit dem Iran wurden während dieser Zeit aufgekündigt. Das Verhältnis der Vereinigten Staaten zu Russland war in der »Ära Trump« gleichzeitig geprägt von einer Bewunderung des US-Präsidenten für den Autokraten Putin und einer rapiden Verschlechterung der diplomatischen Beziehungen. Die übrigen G7-Staaten, ohne die USA, waren in dieser Zeit gefordert wie lange nicht mehr. Auf der einen Seite mussten sie mit Russland umgehen, das sie erst 2014 aus ihrem Kreis ausgeschlossen hatten. Auf der anderen Seite mussten sie gegen den amerikanischen Isolationsdrang anarbeiten, um die USA in ihrem Kreis zu halten. Die NATO wurde innerhalb weniger Monate erst vom US-Präsidenten Trump als obsolet und später vom französischen Präsidenten Macron als »hirntot« bezeichnet.

II. DEUTSCHLANDS LAGE

In der Reaktion auf den Angriff Russlands auf die Ukraine haben sowohl die G7 als auch die NATO ihre Relevanz und ihre Handlungsfähigkeit unter Beweis gestellt. Das hängt auch mit einem Kurswechsel in der deutschen Außenpolitik zusammen. Waffen direkt in Krisengebiete zu liefern, war in dieser Form aber nur denkbar mit einem überzeugten Transatlantiker im Weißen Haus. Joe Biden hat den europäisch-amerikanischen Beziehungen wieder eine neue Chance gegeben und sich zur internationalen Verantwortung der USA bekannt.

Doch Biden ist auch verantwortlich für die Fortführung eines folgenschweren Fehlers, der seinen Ursprung noch unter Trump hatte. Der Abzug aus Afghanistan, der ursprünglich an klare Voraussetzungen gebunden sein sollte, wurde am Ende bedingungs- und kopflos durchgeführt. Die Bedingungen, die die Taliban und die Vertreter Trumps in Doha vereinbart hatten, waren so unpräzise formuliert, dass sich die Taliban herauswinden konnten, ohne sich mit der afghanischen Regierung einigen zu müssen. Joe Biden und seine außen- und sicherheitspolitischen Berater waren nicht mehr gewillt, das Abkommen nachzuverhandeln und länger mit Truppen in Afghanistan zu verbleiben.

Stattdessen waren die Amerikaner am Ende vom symbolhaften Datum des 11. September 2021 getrieben und haben alle Entscheidungen daran ausgerichtet. Der Verlauf und das Ergebnis dieses Abzugs waren und sind verheerend. Auch für die Bundeswehr, die – vollkommen abhängig von den Entscheidungen aus Washington – erst im Eiltempo alles abbauen musste, was sie über zwanzig

Jahre hinweg aufgebaut hatte, um dann auch die Menschen zurückzulassen, die ihnen in dieser Zeit geholfen haben. Diese sogenannten Ortskräfte konnten trotz des extrem gefährlichen Einsatzes unserer Spezialkräfte nur zu einem Teil evakuiert werden.

Und immer noch warten Hunderte um ihr Leben fürchtende afghanische Mitarbeiter und Helfer der Bundeswehr zusammen mit ihren Familien auf die Ausreise nach Deutschland. Die Bundesrepublik und die vielen anderen Staaten, die militärisch und zivil in Afghanistan engagiert waren, waren abhängig von den Entscheidungen der USA. Sie haben nicht interveniert, als es um den Abzug der Truppen aus Afghanistan ging. Das gesamte überstürzte, ja chaotische Vorgehen kostete nicht nur international Vertrauen, sondern auch tragischerweise Menschenleben und viele Afghanen ihre persönliche Zukunft.

Dass Putin 2022 seine Maske hat fallen lassen und Peking ihm dabei treu zur Seite steht, hat uns ein weiteres großes Problem der internationalen Politik vor Augen geführt, das uns voraussichtlich noch für lange Zeit herausfordern wird: die Blockade des VN-Sicherheitsrats, die eine schnelle und entschiedene Reaktion der Vereinten Nationen in sicherheitsrelevanten Fragen äußerst unwahrscheinlich macht. Russland wird – mindestens während des Krieges und solange die Gegenmaßnahmen andauern – vieles blockieren, auch wenn es humanitär notwendig ist. Eine Reform des VN-Sicherheitsrates wird seit Jahrzehnten debattiert, wirkliche Fortschritte gibt es nicht.

II. DEUTSCHLANDS LAGE

Innerhalb der EU sind wir weit davon entfernt, mit systemischen Gegenspielern konfrontiert zu sein. Doch auch in Brüssel ist die Handlungsfähigkeit in manchen Fragen eingeschränkt. Das Prinzip der Einstimmigkeit im Rat in allen Fragen der Außen- und Sicherheitspolitik ist bereits jetzt bei vielen Entscheidungen problematisch. Und dieses Problem wird sich noch weiter zuspitzen, aus zwei Gründen. Zum einen möchte die Europäische Union ihre Außen- und vor allem ihre Sicherheitspolitik deutlich ausbauen. Gerade die europäische Verteidigungspolitik wird massiv an Bedeutung gewinnen. Zum anderen wird – nicht zuletzt vor dem Hintergrund des Krieges in der Ukraine – immer wieder über mögliche Erweiterungen der EU gesprochen, was die Suche nach Einstimmigkeit immer weiter erschweren wird.

Der Krieg in der Ukraine hat in Europa zwei Entwicklungen bestärkt: Einerseits drohen die alten Konflikte in Europa im Schatten des Krieges wieder aufzubrechen. Überall dort, wo es seit Jahrzehnten politische, diplomatische und gesellschaftliche Spannungen gibt, ist zu befürchten, dass es auch wieder zu Gewalt kommen kann.

Eine Region, die auch schon vor dem Krieg in unserem Fokus stand, ist der westliche Balkan. Der Schauplatz der letzten Kriege in Europa ist auch 23 Jahre nach dem Ende des Kosovo-Krieges noch immer nicht zur Ruhe gekommen, im Gegenteil. Innerhalb des Staatsgebildes Bosnien und Herzegowina unter dem Hohen Repräsentanten der Vereinten Nationen haben sich die Vertreter der ethni-

GEOPOLITISCH

schen Serben zuletzt immer mehr aus der politischen Verantwortung zurückgezogen.

Eine tatsächliche Abspaltung der Republik Srpska ist zwar in naher Zukunft nicht zu erwarten, aber doch erfüllt es uns mit Sorge, mit welchem Hass sich Menschen und politische Vertreter dort gegenüberstehen. Noch stärker erleben wir es in der Auseinandersetzung zwischen Serbien und dem Kosovo. Das europäische Ziel dort muss sein, dass die beiden Staaten sich gegenseitig anerkennen. Auch damit beide eine Perspektive in der EU haben. Doch in der Realität führen vermeintliche Kleinigkeiten wie das Wechseln von Autonummernschildern zu Protesten und örtlichen Barrikaden.

Es wird nach wie vor um jedes Symbol gerungen, das den Anspruch der kosovarischen und der serbischen Regierung auf das Gebiet des Kosovo anzeigen könnte. Sowohl die Serben in Bosnien als auch die Regierung Serbiens pflegen eine nicht unkomplizierte, aber doch enge Beziehung zu Russland. Diese offensichtliche Rückendeckung Moskaus für Serbien fürchten die anderen Ethnien auf dem Westbalkan.

Diese Probleme blockieren andererseits erheblich den EU-Erweiterungsprozess auf dem Westbalkan. Albanien und Nordmazedonien können zwar auf die Aufnahme von Beitrittsverhandlungen hoffen, doch weder Kosovo noch Bosnien und Herzegowina können damit rechnen, dass sich in absehbarer Zeit etwas ändert. Dadurch, dass die EU als Ganzes den Kosovo immer noch nicht als eigenen Staat anerkennt und bisher nicht einmal Visaliberalisierungen gewährt hat, bleibt das Land weiter isoliert.

II. DEUTSCHLANDS LAGE

Insgesamt müssen wir daher große Aufmerksamkeit auf die Staaten in unserer Nachbarschaft legen, die bisher keinem westlichen Bündnis angehören, denn die Beistandsklauseln der NATO und der EU sind für viele der einzig wirksame Schutz gegen die russische militärische Aggression. Neben der Ukraine sind auch Georgien, Moldau, Serbien, Bosnien und Herzegowina und der Kosovo in keiner der Allianzen Mitglied. Ihnen sollten wir Unterstützung zukommen lassen.

Doch auch innerhalb der NATO gibt es immer noch einen Konflikt um Territorien. Den jahrzehntealten Streit um die vor allem in der Ägäis liegenden südöstlichen Dodekanes-Inseln entfacht die Türkei aufs Neue. Es werden Seekarten verbreitet und Mythen erzählt, die belegen sollen, warum die Inseln eigentlich zur Türkischen Republik gehören. Gleichzeitig versucht die Türkei, durch Tiefseebohrungen nicht nur Fakten zu schaffen, und provoziert damit auch andere Mittelmeeranrainer. Es geht neben Öl- auch um riesige Gasvorkommen im östlichen Mittelmeer, welche die Türkei für sich beansprucht. So versucht der türkische Präsident, seine durch den Ukrainekrieg gestärkte Position auf der Weltbühne für eigene Interessen auszunutzen.

Unsere Aufgabe – als Politik, Medien und wissenschaftliche Beobachter – wird es sein zu unterscheiden: zwischen diplomatischem und weniger diplomatischem Säbelrasseln und objektiver Kriegsgefahr, zwischen Populisten und Kriegstreibern. Nicht jede Krise wird sich dramatisch zuspitzen, auch wenn wir es vor dem Hintergrund des Krieges so betrachten.

GEOPOLITISCH

Eine Großkrise, die die ganze Welt über Jahrzehnte in Zukunft beherrschen wird und nicht unterschätzt werden darf, ist die Klimakrise mit all ihren Auswirkungen. Die Veränderungen der Temperaturen mit dramatischen Folgen für Böden und Meeresspiegel, die Häufung von damit verbundenen Extremwetterereignissen bedrohen unsere Freiheit und die der kommenden Generationen. Sind diese Veränderungen eingetreten, lassen sie sich nicht politisch wegverhandeln und auch nicht militärisch bekämpfen. Sie sind da mit all ihren Folgen.

Nur weil die direkten Auswirkungen des menschengemachten Klimawandels viele Länder noch härter treffen als Deutschland, darf es uns nicht weniger wichtig sein. Millionen Menschen werden ihre Heimat und ihre Lebensgrundlage verlieren. Es drohen große Flucht- und Migrationsbewegungen. Diese können die betroffenen Staaten oder Regionen weiter destabilisieren und stellen auch für uns ein erhebliches Sicherheitsrisiko dar.

Wir müssen uns an den Gedanken gewöhnen, dass die Ressourcen auf dieser Erde endlich sind. Wir müssen uns bewusst sein, dass es sehr viele Menschen auf dem Planeten Erde gibt, die bereits jetzt existenziellen Mangel erfahren, und dass diese Menschen gezwungen werden und auch bereit sind, um die lebensnotwendigen Ressourcen zu kämpfen.

Gesellschaftlich

In all meinen Gesprächen über Sicherheitspolitik, mit ganz unterschiedlichen gesellschaftlichen Gruppen, werde ich früher oder später gefragt, wie verteidigungsfähig Deutschland eigentlich sei. Was würde passieren, wenn Deutschland angegriffen würde? Ich erkläre dann, dass es keiner Invasion mit Panzern bedürfe, um unsere Gesellschaft zu destabilisieren. Es reiche schon ein schwerer Cyberangriff auf unsere Infrastruktur – wenn zum Beispiel im tiefen Winter ein erster Schlag erfolge, der die Stromversorgung außer Kraft setzte. Das hätte unmittelbar zur Folge, dass nur noch Geräte mit Akkus funktionieren, Smarthomes nicht mehr zu steuern sind und der Kühlschrank langsam auftaut. Dann fällt die Heizung aus. Die Kommunikation bricht bundesweit zusammen: kein Telefon, kein Internet, keine Social Media. Auch die Wasserversorgung ist ohne Strom nicht lange aufrechtzuerhalten.

Ich bin sicher, wir würden diese Situation nicht sehr lange ertragen, und es wäre vermutlich nur eine Frage der Zeit, bis es zu Fällen von Plünderungen und Gewalt kommt. Meine Sorge geht so weit, dass die Gesellschaft anfinge, sich von innen heraus zu zerstören.

Unser Land, wir als Bevölkerung, sind auf eine längere Zeit der Entbehrung nicht vorbereitet und unvorhergesehene Entwicklungen stellen unsere Disziplin und unseren Durchhaltewillen sehr schnell auf die Probe. Auf eine unmittelbare Reaktion des Zusammenhalts und der Solidarität besonders Betroffenen gegenüber folgen vermutlich Frust, Ungeduld, Unzufriedenheit. So haben wir es im Sommer 2015 erlebt, als zunächst eine große Welle der Solidarität und Hilfsbereitschaft die ankommenden Flüchtlinge erreichte, die oft über das Mittelmeer setzten und wochenlang unter menschenunwürdigen Bedingungen über schwierige Landwege Europa durchquerten. Als aber immer mehr Flüchtlinge Deutschland erreichten, wurde vielen Deutschen bewusst, dass die Aufnahme all dieser Frauen und Männer, Alten und Kinder nicht nur von kurzer Dauer sein wird. Und als sie registrierten, dass sie alle für Monate, ja vermutlich Jahre in der eigenen Nachbarschaft leben würden, haben auch Bürger, die mit der Hetze der fremdenfeindlichen Rechten nichts zu tun haben, unsere Hilfskapazitäten infrage gestellt.

Als im Frühjahr 2020 die Corona-Pandemie Deutschland erreichte, versammelten sich in einer ersten Schockstarre sehr viele Menschen hinter dem von der Bundes- und den Landesregierungen ausgegebenen Gebot der Vorsicht. Doch bereits nach wenigen Wochen des Lockdowns wurde das hässliche Wort von der »Durchseuchung« von immer mehr Menschen angeführt, die sich durch den ersten Lockdown zu sehr eingeschränkt fühlten.

Nach dem brutalen Überfall Russlands auf die Ukraine war unsere erste Reaktion Hilfsbereitschaft. Nach wie vor erfahren Flüchtlinge und Vertriebene große Unterstüt-

II. DEUTSCHLANDS LAGE

zung durch die Behörden und zahllose Mitbürgerinnen und Mitbürger, häufig durch die Aufnahme in Privatwohnungen, und die Sanktionsmaßnahmen gegen Russland schienen gesellschaftlich geboten. Aber wie lange hält diese Solidarität an, wenn bereits Intellektuelle in offenen Briefen aufrufen, der Krieg gehöre bald beendet, egal zu welchen Bedingungen? Was passiert, je mehr wir in Deutschland die Auswirkungen von Krieg und Sanktionen selbst zu spüren bekommen, beim Tanken, beim Einkaufen, bei der Heizkostenabrechnung? Steht die Bereitschaft, diese Form der Opfer zu bringen, oder beginnen Verteilungsdebatten darüber, wer wann auf was verzichten und wer an welcher Stelle bevorzugt werden sollte? Auffallend laut sind dann diejenigen Menschen, die gegen etwas eintreten. Gegen Regeln, gegen Anstand, gegen ein Minimum an Benehmen, schlechtestenfalls gegen geltendes Recht. Es ist deutlich einfacher, gegen etwas als für etwas zu streiten, denn es bedarf deutlich weniger Argumente. Nur laut genug muss man sein.

Von vielen Menschen, gerade von der Mehrheit, die im Grunde anders denkt, wird dieses aggressive Verhalten bedauerlicherweise hingenommen, man sieht weg in der Hoffnung, der Streit würde sich alsbald legen. Man rollt sich ein und versucht, sich im engsten Umfeld der Privatheit zurückzuziehen.

Doch Feinde des Rechtsstaats zu ignorieren, gar zu unterschätzen, ist besonders gefährlich. Wegschauen ist keine Option. Ich appelliere zu mehr Mut, mehr Zusammenhalt der schweigenden Mehrheit. Diese muss sich Gehör verschaffen. Diese muss sichtbar sein. Sie darf den

GESELLSCHAFTLICH

Eindruck nicht entstehen lassen, die intoleranten Lautsprecher seien in der Überzahl.

Toleranz den Intoleranten gegenüber ist das Ende der Freiheit. Das Ende der Freiheit auch im Innern. Das fängt in der eigenen Familie an und endet im anonymen Netz. Den Unkenrufen, den immer wieder geäußerten Bedenken von Pessimisten und Zweiflern sollten wir uns entgegenstellen, da gerade jetzt große, weitreichende Fragen beantwortet werden müssen.

Ich bin ganz grundsätzlich der Meinung, dass wir Deutschen deutlich resilienter sind, als es den Eindruck hat. Direkt mit einem Problem konfrontiert, finden wir schnell unbürokratische Lösungen. Doch es sind die endlosen Diskussionen und das Herbeifantasieren von Extrem- oder Horrorszenarien, die uns unruhig und nervös machen und am Ende lähmen. Hinzu kommen die Versuche von außen, auch von Russland ausgehend, unsere Gesellschaft zu spalten. Dabei wäre es nur richtig, den Menschen im Land auch etwas zuzumuten, sie auf Gefahren hinzuweisen und diese klar zu benennen, weder verharmlosend noch dramatisierend, ganz nüchtern, ohne Panik zu verbreiten. Denn gerade in schwierigen, krisenhaften Zeiten bedarf es des Vertrauens der Bevölkerung in den Staat und seine Institutionen.

Die oben skizzierten Herausforderungen sind groß, aber im Vergleich zu dem, was in anderen Ländern auch in unserer Nachbarschaft geschieht, sind unsere Probleme mit gutem Willen und Engagement in den Griff zu bekommen. Die »deutsche Insel der Glückseligen und des

II. DEUTSCHLANDS LAGE

Unbeschwertseins« wird auch in Zukunft immer wieder mit den Auswirkungen geopolitischer Krisen konfrontiert. Das Corona-Virus hat vor keiner Grenze haltgemacht. Der islamistische Terror hat Millionen Menschen weltweit zur Flucht genötigt und allein auf der Mittelmeerroute unzählige Leben gekostet. Und wenn Lieferketten weltweit gestört oder gar unterbrochen werden, kam und kommt es zu Versorgungsengpässen und Wohlstandsverlust auch in Deutschland, umso mehr, wenn die Industrie durch Energieknappheit nicht mehr in vollem Umfang produzieren kann.

Ich frage mich, warum jede unvorhergesehene Herausforderung erst einmal zu großem Streit in unserem Land führt. Noch vor wenigen Jahren haben die meisten Beobachter über die Polarisierung der US-amerikanischen Politik den Kopf geschüttelt – nicht ohne leicht überhebliche Erleichterung darüber, dass Konflikte hierzulande anders ausgetragen werden. Inzwischen ist es nicht mehr zu übersehen, dass sich auch in Deutschland die Meinungen oft radikal und unversöhnlich gegenüberstehen. Und zwar nicht nur in einer, sondern gleich in mehreren Momenten: Bekämpfung des Klimawandels, Umgang mit der Pandemie, der zunehmende Rechtsextremismus und die Integration von Migrantinnen und Migranten. Vor diesen Konfliktlinien werden die absurdesten Debatten in Form eines Kulturkampfs ausgetragen, häufig in Form von Worten, die diskriminieren oder ausgrenzen. Selbst Alltägliches, wie der tägliche Fleischverzehr, das Autofahren oder das ausgiebige Duschen, wird zum Grundsätzlichen hochstilisiert. Diejenigen, die sich angesprochen

GESELLSCHAFTLICH

fühlen, sehen sich dann schnell in ihrem ganzen Wesen und ihrer Kultur angegriffen.

Unabhängig davon, wie berechtigt ein Anliegen ist oder ob sich jemand im Ton vergriffen hat, ist diese Art der Auseinandersetzungen, die mit viel gespielter Empörung inszeniert werden, ausgesprochen kontraproduktiv. Kurz gesagt, es nervt. Ein zum Gegenstand deutlicher, zum Adressaten aber zivilisierterer Umgangston, mehr Verständnis für das Gegenüber und etwas weniger Aufregung würden uns in jeder Auseinandersetzung weiterhelfen und auch der Sache dienen.

Diese inneren Grabenkämpfe gehen bedauerlicherweise mit einer gefährlichen Ignoranz einher gegenüber allem, das nicht primär in den sozialen Medien und auf Deutschland gerichtet stattfindet. Politische Entwicklungen und Bewegungen in unseren Nachbarländern werden kaum wahrgenommen, und dann oft nur, wenn in der politischen Diskussion klar ersichtlich ist, wer falsch liegt und wer richtig. Sind Gut und Böse klar benannt, wird sich zwei Tage über das eine gefreut und über das andere empört. Dann setzt sie wieder ein, die bundesdeutsche Nabelschau.

Wir sind als Gesellschaft auf der einen Seite so weit entwickelt, dass wir uns nicht damit zufriedengeben können, dass es Rechte und Freiheiten »im Großen und Ganzen« oder für »die allermeisten Menschen gibt«. Wir versuchen jedem einzelnen Individuum zu seinem individuellen Recht zu verhelfen. Dabei dürfen wir jedoch das große Ganze nicht aus den Augen verlieren und Bedrohungen für unsere Demokratie und freiheitliche

II. DEUTSCHLANDS LAGE

Art zu leben übersehen. Und Bedrohungen gibt es derer viele.

Bedrohungen bestehen nicht nur in der aktuellen geopolitischen Lage. Nicht nur die russische Aggression, die Instabilität vieler Staaten in unserer direkten Nachbarschaft oder die chinesische Wirtschaftsübermacht bedrohen uns. Es sind auch die Extremisten, die in Deutschland leben und ihren Hass verbreiten. Es ist der Terrorismus von links und rechts und der mit islamistischem Hintergrund, es ist die organisierte Kriminalität – in Clans, in Rockergruppen, in mafiösen Strukturen –, die staatliche Institutionen bekämpfen. Es sind aber auch alle Individuen, die unsere Werte mit Füßen treten. Diejenigen, die Rettungskräfte angreifen. Diejenigen, die Frauen verletzen oder töten, weil die Frauen selbstbestimmt leben wollen. Diejenigen, die abends in den Ausgehvierteln der Städte mit dem Messer auf andere losgehen. Und auch diejenigen, die Verschwörungserzählungen verbreiten und damit den Hass weiter schüren. Sie tragen mit bei zur weiteren Verrohung der einen und zur Einschüchterung der anderen. Der Staat und wir als Gesellschaft müssen uns gegen diese Bedrohungen genauso wehren können. Die Wehrhaftigkeit eines Landes fängt also nicht erst bei den Soldatinnen und Soldaten, den Polizistinnen und Polizisten und den Rettungskräften an, sondern bei jeder und jedem Einzelnen von uns.

Dass wir in Frieden und Freiheit leben können, ist für die meisten Menschen in Deutschland glücklicherweise selbstverständlich. Seit dem Zusammenbruch der natio-

GESELLSCHAFTLICH

nalsozialistischen und später der sozialistischen Diktatur haben in unserem Land die individuellen Rechte auf Basis des Grundgesetzes, die Freiheit und der Wohlstand kontinuierlich zugenommen. Obwohl wir sehen, dass nicht allen Menschen in anderen Nationen die gleichen Rechte zuteilwerden, reflektieren wir als Gesellschaft zu wenig über unser Privileg. Denn dass es uns so gut geht, ist eben nicht selbstverständlich und auch kein Naturgesetz. Es ist das Ergebnis jahrzehntelanger gesellschaftlicher, politischer und wirtschaftlicher Arbeit, aber auch des Wohlwollens anderer Staaten, die Deutschland in entscheidenden historischen Momenten unterstützt haben. So leben zu dürfen, wie wir es tun, erfordert viel Engagement an vielen Stellen und auf vielen Ebenen und starke und verlässliche Verbündete auf der ganzen Welt.

Diese Arbeit müssen wir alle gemeinsam leisten. Denn es liegt ausschließlich an uns, an den Nutznießern der Freiheit, für diese Werte auch weiterhin einzustehen; nicht wegzusehen, wenn im Alltag Menschen diskriminiert und gedemütigt werden; zu widersprechen, wenn der eine Kollege wieder einen frauenfeindlichen Spruch raushaut; sich denen entgegenzustellen, die unseren Staat abschaffen wollen; und auch zu überprüfen, wen man mit seinen eigenen Handlungen eigentlich unterstützt. Jeder von uns trägt Verantwortung.

Insbesondere Letzteres gilt nicht nur für Einzelpersonen, sondern auch für Wirtschaftskonzerne. Die völlige Entkoppelung von Moral und Profit ist nicht hinnehmbar. Vor allem im Systemwettbewerb mit China kommt hinzu, dass man durch die Unterstützung der chinesischen Staat-

II. DEUTSCHLANDS LAGE

lichkeit einen Konkurrenten stärkt, der die dominante Rolle in der Weltordnung einnehmen und uns am Ende schlucken möchte.

Die Aufteilung der Welt in Freund und Feind fällt heute nicht mehr so leicht wie zur Zeit der großen Militärblöcke. Damals haben wir im Westen gesehen, dass es Freiheit, Demokratie und Wohlstand nur im Paket gab. Dort, wo Diktatoren und Autokraten herrschten, ging es den Menschen sozial und wirtschaftlich deutlich schlechter. Die Überzeugung, im richtigen System zu leben, war verknüpft mit der Erkenntnis, dass es der Gesamtbevölkerung besser geht, wenn es auch dem Einzelnen gut geht und er sich nach seinem Gusto und seinen Fähigkeiten entsprechend frei entfalten kann.

Das hat sich insofern geändert, als Wohlstand und technischer Fortschritt inzwischen auch in Ländern zu Hause sind, die mit einer freiheitlichen, pluralistischen Demokratie nichts gemein haben. Der Reichtum der Golfstaaten beispielsweise lockt Menschen aus aller Welt an. Gerade junge Influencer werden angeworben, um in Dubai zu leben und zu arbeiten. Die entsprechende Lizenz garantiert aber nicht nur Steuerfreiheit, sondern verlangt auch vom Empfänger, dort nie kritisch über politische und religiöse Themen zu sprechen, geschweige denn, darüber zu berichten. Produziert werden so reine Hochglanz- und Feel-Good-Bilder, die nichts mit der Lebensrealität der meisten Einwohner zu tun haben. Kein Wort über Menschenrechtsverletzungen. Diese Bilder verfangen gerade bei jungen Menschen und sollen das System sympathisch machen. Auch China versucht seit Jahren, bei jeder Gelegenheit seine Leistungsstärke der Weltöffentlichkeit zu demonstrieren. Sei es bei sportlichen Großveranstaltungen oder Infrastrukturprojekten. Das alles führt neben anderem dazu, dass die Überzeugung, die Demokratie sei immer die beste Staatsform, nicht mehr von allen Menschen uneingeschränkt geteilt wird.

Nach dem Überfall Russlands auf die Ukraine ist die Liebe der Deutschen zu Russland erkaltet, die trotz des Georgienkrieges, der Annexion der Krim und des ersten Überfalls auf die Ostukraine sowie des blutigen Eingreifens Russlands in den syrischen Bürgerkrieg Bestand hatte. Heutige Umfragen zeigen, dass knapp achtzig Prozent der Deutschen Russland als Bedrohung wahrnehmen. Eine so einhellige Einschätzung der Gefahr ist die Ausnahme, denn alles in allem gibt es in Deutschland keine weitgehend einheitliche Wahrnehmung der Realität. Die Beurteilung der Gegenwart ist durch das persönliche Umfeld, die eigenen Interessen und die Informationsquellen bestimmt und variiert mitunter extrem.

Die fehlende gemeinsame Wahrnehmung betrifft auch unsere nationale Identität. Die Definition dessen, wofür wir Deutsche stehen wollen, ist umstritten. Das liegt auch daran, dass Debatten zu dieser Thematik in der Vergangenheit sehr ausgrenzend geführt wurden. Mit Diskussionen zur Leitkultur wurden vor allem Anstrengungen unternommen, das festzuschreiben, was nicht zu Deutschland gehört.

Besser ist es zu fragen, was uns eint und wie Deutschland wahrgenommen werden will. Auch darüber wird es

II. DEUTSCHLANDS LAGE

nie einen vollständigen Konsens geben. Aber wir dürfen uns nicht von den lauten Rufen der politischen Ränder aus dem Konzept bringen lassen. Gerade die Rechtspopulisten und Rechtsextremen in der deutschen Parteienlandschaft haben in den zurückliegenden Jahren eine Findung der nationalen Identität enorm erschwert. Dabei hat ein gesundes deutsches Selbstverständnis überhaupt nichts mit Deutschtümelei und Geschichtsrevisionismus zu tun.

Dieses ungeklärte Selbstverständnis der Deutschen hemmt. Es hemmt Deutschland fatalerweise dabei, eine selbstbewusste und wertebewusste Rolle in Europa und der Welt einzunehmen.

Als globaler Spieler in der Welt

Welche Rolle sollte Deutschland auf der internationalen Bühne einnehmen? Welche Aufgaben muss Deutschland auf dieser Bühne mindestens übernehmen? Was erwarten die Partner von Deutschland und was erwartet die eigene Bevölkerung? Diese Fragen sind eng verknüpft mit der Suche nach und der Wahrnehmung der eigenen Identität, dem Verhältnis zur eigenen Nation und der wiederkehrenden Frage, welche Interessen ein Land haben darf.

Über das richtige Verhältnis zwischen den Bürgern und ihrem Staat wird immer diskutiert werden. Aber wir gehen von gewissen Grundannahmen aus, die in Deutschland weitgehend Konsens sein dürften: die Gleichheit aller Bürgerinnen und Bürger; die Trennung von Staat und Kirche; der starke Sozialstaat. Aber auch, dass der Staat für die Sicherheit seiner Bevölkerung zu sorgen hat, im Innern wie im Äußern. Dabei stehen sich die Sicherheit und damit verbunden die Bürgerpflichten auf der einen und die individuelle Freiheit auf der anderen Seite durchaus gegenüber und müssen immer wieder neu verhandelt werden.

Über das Verhältnis von Deutschland zu anderen Staa-

II. DEUTSCHLANDS LAGE

ten gibt es deutlich unterschiedliche Vorstellungen innerhalb unseres Landes. Die einen wünschen sich mehr internationale Zurückhaltung, gar Neutralität bis hin zur ausschließlich nationalen Besinnung; verbunden gar mit der Forderung, aus allen Bündnissen auszusteigen, wie zum Beispiel der Europäischen Union und der NATO. Andere erhoffen sich, dass Deutschland bei Krisen deutlich mehr vermitteln sollte, bis hin zu der Vorstellung, dass sich Deutschland proaktiv bemühen müsse, globale Probleme zu lösen. Diese unterschiedlichen Ansichten werden in der Öffentlichkeit außerhalb von Fachkreisen weniger intensiv diskutiert. Möglicherweise auch deshalb, weil unser Verhältnis zu anderen Staaten eher abstrakter Natur ist, weniger mit dem eigenen Leben zu tun und wenig Empörungspotenzial hat.

Wenn über Deutschlands Rolle in der Welt gesprochen wird, dann meist vor dem Hintergrund der Fragen: Gehen wir bei unseren Entscheidungen gerade zu weit? Verhält sich Deutschland korrekt? Viele Menschen haben durchaus ein ungutes Gefühl, wenn die Bundesrepublik aktiv ihre werte- und interessengeleitete Außenpolitik vertritt, in der neben Diplomatie und Entwicklungszusammenarbeit auch die Bundeswehr eine Rolle spielt. Dieser Reflex sitzt tief und ist auch in unserer Geschichte begründet, da Deutschland verantwortlich ist für die schlimmsten Verbrechen des 20. Jahrhunderts. Unsere Vergangenheit prägt das deutsche Selbstverständnis bis heute und darf auch niemals vergessen werden. Entscheidend aber wird sein, welche Schlüsse wir und die nachfolgenden Generationen daraus ziehen.

ALS GLOBALER SPIELER IN DER WELT

Diese Frage beschäftigte schon die alliierten Siegermächte, als sie entscheiden mussten, wie es mit Deutschland nach dem Ende des Zweiten Weltkriegs weitergehen sollte. Nicht das Vertrauen in das deutsche Volk im Nachkriegsdeutschland spielte dabei die entscheidende Rolle. Die geostrategischen Ambitionen der Sowjetunion waren letztlich ausschlaggebend dafür, die junge Bundesrepublik im Westen zu verankern. Auch kein Altruismus der Westmächte steckte dahinter, sondern das pure eigene Interesse, dass man Deutschland als starken gefestigten demokratischen Staat brauchte, um die expansive Sowjetunion in Schach zu halten. Die Westbindung Deutschlands war wesentlich dafür.

Alle Entscheidungen der damaligen Zeit, die heute so zwangsläufig und selbstverständlich wirken, wurden damals keinesfalls einhellig getroffen. Die Wiederbewaffnung Deutschlands und die damit verbundene Aufnahme in die NATO im Jahr 1955 empfanden viele zehn Jahre nach Kriegsende als Risiko und waren sowohl in der deutschen Bevölkerung als auch unter den Alliierten stark umstritten. Die gesellschaftliche Aufarbeitung der Zeit des Nationalsozialismus hatte noch nicht richtig begonnen und viele Offiziere, die in den Anfangsjahren die Bundeswehr führten, waren als Soldaten in der Wehrmacht aktiv und mit Sicherheit nicht vollständig unbelastet gewesen, so wenig wie die Beamten, die nach Kriegsende die junge Bundesrepublik in die demokratische Zukunft führen sollten. Konrad Adenauers Bemerkung traf es in seiner eigenen Art ziemlich auf den Punkt: »Man schüttet kein dreckiges Wasser aus, wenn man kein reines hat!«

II. DEUTSCHLANDS LAGE

Ein entscheidender Grundsatz aber galt und gilt bis heute: Die Bundeswehr wird nur als Teil eines Bündnisses bestehen, deutsche Alleingänge sollten damals für alle Zeit ausgeschlossen werden. Obwohl das Vertrauen in die Bundesrepublik im westlichen Bündnis langsam wuchs, beschränkte sich die Aufgabe der Bundeswehr vor allem auf den Schutz der NATO-Ostgrenze. Und die westdeutsche Außenpolitik zielte vor allem diplomatisch auf die Ost- und Deutschlandpolitik. Die Bundesrepublik hatte sich in dieser Zeit als verlässlicher Partner erwiesen, und aufgrund des über die Jahrzehnte gewachsenen Vertrauens der Westmächte waren die Wiedervereinigung und der 2+4-Vertrag überhaupt möglich. Bis heute ist nicht vergessen, dass vor allem Großbritannien erhebliche Vorbehalte gegen die Vereinigung der beiden deutschen Staaten hatte. Zu groß war die Sorge, dass ein größeres Deutschland wieder unberechenbar werden würde und versuchen könnte, erneut mit allen Mitteln nach der Vormacht in Europa zu greifen.

Im Rahmen der deutschen Außenpolitik wurde häufig von Scheckbuchdiplomatie gesprochen. Mit der Ausnahme der internationalen Katastrophenhilfe wurde die Bundeswehr bis zum Ende des Kalten Krieges nicht im Ausland eingesetzt. Das änderte sich erst in den 1990er Jahren, als – wiederum nach einer langen Debatte und dem wegweisenden Urteil des Bundesverfassungsgerichts – Einsätze außerhalb des Bündnisgebietes möglich wurden.

Schon damals gab es Forderungen an die Adresse Deutschlands, mehr zu tun, um Frieden zu erringen und zu erhalten. Mit dem Out-of-Area-Urteil des Bundesverfassungsgerichts im Jahr 1994 war auch die verfassungsrechtliche Grundlage für solche Einsätze geklärt. Demnach sind Auslandseinsätze dann zulässig, wenn sie in einem System kollektiver Sicherheit stattfinden, völkerrechtskonform sind und ihnen der Bundestag zuvor zugestimmt hat. Dieses Urteil und der darin postulierte Parlamentsvorbehalt sind bis heute die Grundlage für jede Form des bewaffneten deutschen Anteils im internationalen Krisenmanagement.

Damals wie heute speist sich die Argumentation für die Beteiligung deutscher Streitkräfte an internationalen Einsätzen aus zwei Quellen: Das eine ist eine Form der ökonomischen Verantwortung, denn Deutschland profitiert überdurchschnittlich durch den weltweiten Handel und hat damit nicht nur ein eigenes Interesse an, sondern auch eine Verantwortung für die globale Sicherheitslage. Als große, wirtschaftlich starke Industrienation muss Deutschland seinen gerechten Anteil an der Friedensarbeit von Vereinten Nationen und Europäischer Union übernehmen. Das andere ist die moralisch-historische Verantwortung. Als Nation, die für den Holocaust und zwei Weltkriege verantwortlich ist, haben wir die besondere Verpflichtung, kriegerische Auseinandersetzungen im Keim zu ersticken und Genozide zu verhindern.

Letzteres stand im Fokus, als es 1999 darum ging, im Kosovo zu intervenieren. Die Auseinandersetzungen darüber in Deutschland, aber auch und besonders in der Partei der Grünen, die seinerzeit mit Joschka Fischer den Außenminister stellten, waren wegweisend für die gesamte Außenpolitik. Denn am Ende stimmten die Grü-

II. DEUTSCHLANDS LAGE

nen auf einem Parteitag dem ersten deutschen Kriegseinsatz nach 1945 zu. Letztlich, um einen Völkermord und weitere Massaker an der Zivilbevölkerung im Kosovo zu verhindern.

Joschka Fischers Worte »nie wieder Auschwitz« begründeten seine Entscheidung. Die NATO zwang das damalige Jugoslawien durch Luftangriffe zum Rückzug aus dem Kosovo. Noch heute wird in bestimmten Kreisen darüber diskutiert, ob diese humanitäre Intervention gerechtfertigt war. Auch im Bundestag wird von den Abgeordneten der Fraktionen der Linken und der AfD immer wieder behauptet, es hätte sich um einen völkerrechtswidrigen Angriffskrieg gehandelt. Doch nicht zuletzt als Lehre aus den unfassbaren Massakern während der Jugoslawienkriege war es zwingend notwendig, an dieser Stelle einzugreifen, um eine weitere menschliche Tragödie zu verhindern.

Die deutsche Außen- und Sicherheitspolitik hat sich in der zweiten Hälfte des 20. Jahrhunderts ständig weiterentwickelt. Auch die Erwartungshaltung der anderen Staaten an Deutschland hat sich verändert – insbesondere nach dem Ende des Kalten Krieges. Das deutsche Nein zum Irakkrieg 2003 hat bei unseren Verbündeten in den USA und Großbritannien starke Reaktionen hervorgerufen. Sie hatten eine Beteiligung Deutschlands erwartet. Dabei ging es nicht in erster Linie um den militärischen Beitrag, sondern vor allem um die politische Unterstützung und das Signal – gerade an die europäischen Partner –, das von Deutschland ausgegangen wäre. Die Ablehnung des Krieges ist auch in der Rückschau noch richtig, denn inzwischen wissen wir, dass keiner der von den USA angeführten Kriegsgründe Bestand hatte. Dennoch zeigt dieses Beispiel, dass es nicht egal ist, ob und wie sich Deutschland engagiert. Damals wie heute wünschen sich unsere Verbündeten Deutschland als starken Partner im Rahmen der internationalen Sicherheit.

Deutschlands Rolle in der Welt muss man immer im zeitlichen Kontext betrachten. Und so ist auch Deutschlands heutige Position im Spiegel der aktuellen Entwicklungen zu sehen. Oder anders ausgedrückt: Man kann nicht auf die Fragen der 2020er-Jahre mit den Antworten der 1950er-Jahre reagieren. Mag damals noch der Ausspruch des ersten NATO-Generalsekretärs Lord Ismay gegolten haben, das Bündnis sei dazu da, »to keep the Russians out, the Americans in and the Germans down«, erwarten unsere transatlantischen Partner schon lange, dass Deutschland und die anderen europäischen Staaten die Kraft aufbringen, selbst für Sicherheit in Europa und seiner internationalen Umgebung zu sorgen.

Denn die USA reagieren auf den Expansionsdrang Chinas und engagieren sich bereits seit mehr als zehn Jahren im indo-pazifischen Raum. Sie haben schon lange erkannt, dass China der große Systemkonkurrent der kommenden Jahrzehnte sein wird. Europa ist wirtschaftlich stark genug, für sich selbst verantwortlich zu sein. Viele europäische Staaten haben bereits verstanden, dass sie ihre Interessen nur im europäischen Verbund durchsetzen können und dass sich diese durchaus mit denen der Nachbarn decken. Alleingänge einzelner Staaten sind weder möglich noch sinnvoll. Doch trotz aller Bemühun-

II. DEUTSCHLANDS LAGE

gen der letzten Jahre, eine gemeinsame Außen- und Sicherheitspolitik und eine entsprechende Verteidigungspolitik in Europa aufzusetzen, bleibt der alte Kontinent nach wie vor abhängig von der US-amerikanischen Truppenpräsenz.

In den vergangenen Jahren hat Deutschland das geforderte zusätzliche Engagement vor allem in diplomatische Initiativen umgesetzt. Vermittlungsbemühungen wie das Normandie-Format, mit dem Deutschland und Frankreich 2014 versucht haben, Russland und die Ukraine nach der Annexion der Krim und dem Beginn des ersten russischen Angriffs auf die Ostukraine zu Gesprächen zu bewegen. Auch auf der Libyen-Konferenz, die in Berlin Anfang des Jahres 2020 stattfand, suchte man Beschlüsse auf den Weg zu bringen, um Ruhe in das vom Bürgerkrieg geschüttelte Land zu bringen.

Ich bin der Meinung, dass sich Deutschland nicht auf seine wirtschaftliche Potenz und politische Kraft beschränken kann. Deutschland hat jahrzehntelang strategische Antworten auf internationale Herausforderungen den übrigen NATO-Staaten überlassen. Teil eines Bündnisses zu sein, bedeutet aber nicht, nur mitzuschwimmen. Es bedeutet auch, Führung zu übernehmen. In wirtschaftlichen und finanziellen Fragen hat Deutschland dies in den letzten Jahren mit großer Selbstverständlichkeit getan. Doch nun ist erstmals seit Jahrzehnten unsere Sicherheit unmittelbar bedroht.

Bundeskanzler Scholz hat nach dem völkerrechtswidrigen Überfall der russischen Armee auf die Ukraine in seiner Rede vor dem Deutschen Bundestag am 27. Februar

2022 zu Recht von einer »Zeitenwende« gesprochen und darauf hingewiesen, dass auch unsere Welt eine andere sein wird, als sie vor diesem Krieg gewesen ist, dass viele Gewissheiten zerstört worden sind und wir deshalb anders mit dieser Herausforderung umgehen müssen als jemals in den letzten 77 Jahren. Genau deshalb unterstützen wir die Ukraine nicht nur weiterhin wirtschaftlich und humanitär, sondern auch militärisch. Damit sich die Ukraine selbst verteidigen kann, liefern wir erstmals auch schwere Waffen und bilden ukrainische Soldaten in Deutschland an diesen modernen Systemen aus. Wir stimmen uns dabei selbstverständlich eng mit unseren westlichen Partnern ab.

Aber eine Frage schwebt im Raum: Warten wir ausschließlich ab, bis die westlichen Staaten entschieden haben, welchen Typ Waffen sie liefern, oder haben wir den Mut, selbst den ersten Schritt zu wagen? Unsere Bündnispartner, allen voran die Amerikaner, erwarten von Deutschland, endlich seiner zentralen Rolle in Europa gerecht zu werden und Führung zu übernehmen. Von einem Alleingang, wie Gegner dieses Kurses gerne behaupten, kann dabei keine Rede sein. Es geht immer darum, im Bündnis zu handeln. Aber das Bündnis wäre dankbar, wenn nicht nur alle beteiligten Staaten, um im Bild zu bleiben, die Ukraine im Gleichschritt unterstützen, sondern wenn Deutschland den Mut aufbringt, auch einmal den Rhythmus dieses Schrittes vorzugeben.

Wenn es darum geht, Lehren aus der Vergangenheit zu ziehen, ist für mich klar: Deutschland hat nach dem Zwei-

II. DEUTSCHLANDS LAGE

ten Weltkrieg die historische Chance erhalten, einen demokratischen Weg einzuschlagen. Deutschland wurde beim Aufbau eines demokratischen Staatswesens politisch und wirtschaftlich unterstützt. Uns wurde extrem viel gegeben, damit wir zu der stabilen Demokratie und wirtschaftlich starken Exportnation werden konnten, die wir heute sind. Diese Mittel sollten wir heute einsetzen, um uns und unsere Nachbarn zu schützen und um in der Welt aktiv für Demokratie und Menschenrechte einzutreten. Das ist unsere Verpflichtung und Verantwortung. Wir profitieren nach wie vor wie kein zweites Land von der Europäischen Union und vom freien Welthandel. Also sollten wir auch einen entsprechend großen Teil dazu beitragen, beides zu schützen und zu erhalten.

Wenn ich mit europäischen und anderen internationalen Partnern spreche, sagen mir die meisten unverhohlen, dass sie sich von Deutschland deutlich mehr erwarten. Kleinere Staaten unternehmen große Anstrengungen, um diesen unseren europäischen Kontinent sicherer zu machen, und sie werden das Gefühl nicht los, dass Deutschland meist auf der Bremse steht und Bedenkenträger Nummer eins ist. Unsere Partner warten. Sie warten voll Ungeduld, dass wir unsere Rolle finden. Ich bin der Überzeugung, dass wir diese aktivere Rolle übernehmen können. Es nicht zu tun, wäre unentschuldbar.

Wenn wir beispielsweise gemeinsam mit Frankreich in vielen europäischen Fragen vorangehen, dann ist dies das Gegenteil eines nationalen Alleingangs oder die Unterwerfung kleinerer Partnerstaaten. Denn am Ende eines solchen Prozesses zählt das Ergebnis und nicht der Wille

ALS GLOBALER SPIELER IN DER WELT

eines einzelnen Akteurs. Gerade in einer EU der 27 Mitgliedsstaaten, die sich geographisch weiter ausdehnen und ihr Aufgabentableau erweitern möchte, braucht es Staaten, die mutig die Initiative ergreifen und die Partner überzeugen, ja im positiven Sinne mitreißen können.

Eine aktive Außenpolitik kann und soll auch dabei helfen, unsere Werte zu verteidigen und für diese Werte im Ausland einzustehen. Diplomatie ist mehr, als dem Gegenüber nicht auf die Füße zu treten. Diplomatie bedeutet, eigene Interessen zu artikulieren und bestenfalls durchzusetzen. Deutschlands Stimme hat in der Welt Gewicht. Und deshalb unterstütze ich es sehr, wenn im Auswärtigen Amt unmissverständliche Worte gefunden werden, Stellung bezogen wird, wo erforderlich, und Kritik geübt wird, wo es angebracht ist, ohne den Zeigefinger zu heben.

Wir müssen uns darüber im Klaren sein, dass es neben den Werten, die unser Handeln bestimmen, auch Interessen gibt. Strategische Interessen, Sicherheitsinteressen, Wirtschaftsinteressen. Und diese sollten sich an unseren Wertvorstellungen anlehnen. Wenn wir zum Beispiel in der Sahelzone im Rahmen der Vereinten Nationen militärische Präsenz zeigen und uns zudem diplomatisch und zivil engagieren, dann tun wir das zum einen, um die dortige Bevölkerung zu schützen. Es liegt aber auch in unserem Interesse, dass sich der internationale Terrorismus in dieser Region nicht weiter ausbreitet und früher oder später auch Anschläge in Europa begeht. Schließlich liegt es in unserm Interesse zu verhindern, dass millionenfach

II. DEUTSCHLANDS LAGE

Menschen ihre Heimat verlassen und sich viele von ihnen auf den Weg nach Europa machen.

Diesen Migrationsdruck werden wir gesellschaftlich nicht bewältigen können. Und bestenfalls wollen wir auch mit unserer Präsenz vor Ort erreichen, dass die Staaten der Sahelzone die Menschenrechte achten und sich demokratische Strukturen etablieren. Wir sollten allerdings nicht so naiv sein anzunehmen, dass unsere Form des Miteinander in allen Ländern Erfolg haben wird. All unsere Interessen sind legitim. Sie sind elementar und müssen auch Dritten gegenüber artikuliert werden. Zu einer nachhaltigen Außenpolitik gehört nämlich auch eine große Portion Wahrhaftigkeit.

Bundeswehr und
äußere Sicherheit

Die Bundeswehr ist unser Garant für ein Leben in Frieden und Freiheit. Diese Aufgabe habe ich in den vergangenen fünf Jahren in vielen Gesprächen und Vorträgen immer und immer wieder hervorgehoben. Fixiert werden die Aufgaben der Bundeswehr im Weißbuch zur Sicherheitspolitik, dem Grundlagendokument der Bundesregierung, erarbeitet und verabschiedet auf Basis der sicherheitspolitischen Lage der Bundesrepublik. Das Weißbuch wurde übrigens nach der Annexion der Krim durch Russland endlich der neuen Lage angepasst und nach zehn Jahren 2016 neu aufgelegt. Nicht nur Auslandseinsätze standen von nun an im Fokus der Bundeswehr, sondern erneut die Landes- und Bündnisverteidigung.

In der Öffentlichkeit allerdings haben viele Menschen trotz der völkerrechtswidrigen russischen Annexion der Krim und des seitdem anhaltenden Krieges in der Ostukraine die Notwendigkeit einer starken Verteidigungsarmee nicht erkennen wollen. Von herbeifantasierten Feindbildern wurde gesprochen und polemisch gefragt, gegen wen sich Deutschland denn verteidigen können sollte.

II. DEUTSCHLANDS LAGE

Mit genau dieser Denkweise wurde fast ein Vierteljahrhundert lang die Friedensdividende eingefahren. Die Bundesregierungen unter Kohl, Schröder und Merkel waren froh, dass sie sich angesichts von Wiedervereinigung, hoher Arbeitslosigkeit und der Euro-Krise jederzeit am Steinbruch des Verteidigungshaushalts bedienen konnten, wenn es eng wurde. Wenngleich eine Reduzierung der Bundeswehr – die Stärke von fast 500 000 deutschen Soldaten noch Ende der 1980er-Jahre erscheint uns heute geradezu absurd hoch – ohne Zweifel angezeigt war, erschreckt doch die Kurzsichtigkeit dieser Entscheidungen.

Denn einen Umstand sehen Außenstehende häufig nicht: Militärische Fähigkeiten sind deutlich schneller abgebaut als erlernt. Aufbau, Rekrutierung, Ausbildung dauern viele Jahre. Ein System dieses Ausmaßes herunterzufahren und dann wieder hochzufahren und der Lage anzupassen, kostet viel Zeit, sehr viel Geld und enorme Energie – alles in allem letztlich mehr, als eine Armee kontinuierlich stabil aufrechtzuerhalten.

Um das Ausmaß dieses Investitionsbedarfs zu verdeutlichen, muss man sich nur vor Augen führen, dass die Bundesregierungen seit 2014 massiv in die Bundeswehr investiert haben und seitdem versuchen, sie von der internationalen Einsatzarmee zur Verteidigungs- und Einsatzarmee umzubauen. Und dennoch ist die Aufgabenliste nach acht Jahren der proklamierten Trendwenden und vieler neuer Grundsatzpapiere immer noch immens.

Dabei brauchen wir insbesondere jetzt, eingeholt von der Realität, eine starke Bundeswehr, und die Soldatinnen und Soldaten sowie zivile Mitarbeiterinnen und Mitarbeiter einen starken Rückhalt aus der Politik, aber auch und besonders aus der Gesellschaft. Wir brauchen eine moderne Bundeswehr auch, um akut die Ukraine zu unterstützen – mit Waffen, militärischem Material und der Ausbildung ukrainischer Soldaten an dem gelieferten Gerät.

Wir brauchen eine starke Bundeswehr, um unseren Verpflichtungen in Europa und in der NATO nachzukommen und unseren Partnern und Verbündeten damit zu beweisen, dass sie sich nicht nur wirtschaftlich, sondern auch militärisch auf uns verlassen können.

Wir brauchen eine einsatzfähige Bundeswehr, um dem Aggressor Russland und allen anderen Feinden von Freiheit und Demokratie mit glaubhafter Abschreckung zu begegnen.

Wir brauchen eine starke Bundeswehr, um unseren Beitrag zu weltweiten Friedensmissionen zu leisten.

Bisher war die Bundeswehr auf eine andere Rolle ausgerichtet: Die langjährigen Auslandseinsätze in Afghanistan und im Kosovo zum Beispiel standen auch medial im Vordergrund. Im Grundbetrieb in Deutschland standen Ausbildung und Einsatzvorbereitung im Mittelpunkt. Hinzu kamen Übungen auf nationaler und internationaler Ebene sowie die regelmäßige Gewährung von Amtshilfe im Katastrophenfall im eigenen Land.

Selbstverständlich gab es auch Pläne zur Landes- und Bündnisverteidigung. Aufgrund des Mangels an – in den Augen Berlins! – realistischen Szenarien wurde dies aber mindestens bis 2014 mit niedriger Priorität behandelt. Im

II. DEUTSCHLANDS LAGE

Weißbuch der Bundeswehr waren als Bedrohungsszenarien primär Cyberangriffe und sogenannte asymmetrische Bedrohungen aufgeführt, wie Angriffe des internationalen Terrorismus. Große Panzerschlachten galten als nicht mehr vorstellbar. Erst heute nach dem Angriff auf die Ukraine rücken die konkreten Anforderungen der NATO an ihre Bündnismitglieder mehr und mehr in den Fokus der Öffentlichkeit, auch mit Blick auf die Bundeswehr.

Dabei muss man wissen, dass Deutschland seine militärischen Fähigkeiten erst einmal nur auf dem Papier gemeldet hat. Wenn wir also der NATO signalisieren: Ihr könnt mit einer Brigade von uns planen, heißt das noch lange nicht, dass diese Truppe umgehend bereit oder komplett ausgestattet ist und alle erforderlichen Dienstposten besetzt sind. Es bedeutet lediglich, dass die Bundeswehr als Ganzes grundsätzlich über ausreichend Personal und Material verfügt und dieses mit genügend Vorlaufzeit auch in Form einer einsatzfähigen Brigade verfügbar machen kann, auch wenn dabei technisch oder personell andere Einheiten ausgedünnt werden sollten.

Tatsächlich hat die Bundeswehr in der Vergangenheit sehr viel Vorlaufzeit gebraucht, um zugesagte Fähigkeiten zu aktivieren. Symptomatisch für ihren Zustand waren die Bereitstellungen des jeweiligen Kerns der NATO-Speerspitze VJTF (Very High Readiness Joint Task Force). Diese multinationalen Kampfverbände, die im Ernstfall in kurzer Frist an die Bündnisgrenzen verlegt werden sollen, werden im Rotationsprinzip von verschiedenen Ländern geführt. Deutschland muss dazu alle vier Jahre eine Brigade in voller Ausstattung und Einsatzbereitschaft be-

BUNDESWEHR UND ÄUSSERE SICHERHEIT

reithalten. Um dies zu gewährleisten, werden bereits mehrere Jahre im Voraus Vorbereitungen getroffen und wird Material zusammengezogen. Bei der letzten Gestellung des Landanteils der Speerspitze 2019 mussten dennoch diverse Ausrüstungsgegenstände aus der gesamten Bundeswehr zusammengesucht werden.

Diese Einstellung, dass Material nicht überall gleichzeitig vorhanden sein muss, sondern bei Bedarf hin- und hergeschoben wird, das auf maximale Effizienz und Sparsamkeit getrimmte »dynamische Verfügbarkeitsmanagement« ist nicht mehr zeitgemäß. Die Bundeswehr muss so ausgestattet werden, dass sie ihre Aufgaben nicht nur nacheinander, sondern auch gleichzeitig erfüllen kann. Dies muss gegebenenfalls auch innerhalb kurzer Zeit möglich sein. Das ist die sogenannte Kaltstartfähigkeit.

So unflexibel wir in Deutschland auf globale Entwicklungen reagieren, so viel Vorlaufzeit braucht die Bundeswehr aktuell noch, um einsatzbereit zu sein. Dafür gibt es verschiedene Gründe. Der erste liegt im Material, das den Soldatinnen und Soldaten zur Verfügung steht, oder eben nicht. In den vergangenen acht Jahren lag das Hauptaugenmerk der Öffentlichkeit auf den großen Rüstungsprojekten und den Hauptwaffensystemen. Immer wieder war die Rede von unpräzisen Gewehren, U-Booten, die nicht fahren, Flugzeugen, die nicht abheben, und Panzern, die nicht eingesetzt werden können. Und tatsächlich kann die materielle Einsatzbereitschaft der großen Rüstungsgüter nicht zufriedenstellen. In vielen Bereichen steuern wir dort aber bereits auf erhebliche Verbesserungen zu.

II. DEUTSCHLANDS LAGE

Störanfällige Neulinge wie das Transportflugzeug A400M und der Schützenpanzer Puma erfüllen langsam, aber sicher die an sie gestellten Ansprüche, und auch die Einsatzbereitschaft hat zugenommen. Außerdem wurde inzwischen eine ganze Reihe von wichtigen Rüstungsentscheidungen getroffen, durch welche stark veraltete Systeme wie das Tornado-Mehrzweckkampfflugzeug, seit 1974 in Betrieb, oder die CH53, ein mittelschwerer Transporthubschrauber, seit 1964 im Einsatz, ersetzt werden. Dadurch wurden endlich die Weichen gestellt, um mittelfristig wirkungsvoll ausgestattet zu sein.

Doch zur Kaltstartfähigkeit gehört mehr als nur funktionierende Kettenfahrzeuge, Jets und Schiffe. Die Systeme müssen auch untergebracht, gewartet und für sie müssen Ersatzteile vorgehalten werden. Es bedarf großer Mengen Munition, um die Landesverteidigung gewährleisten zu können. Dafür braucht man genügend speziell gesicherte Munitionsdepots. Die Bundeswehr braucht Transportkapazitäten, um Personal und Material schnell verlegen zu können. Die Soldatinnen und Soldaten brauchen eine komplette persönliche Ausrüstung, die ihnen immer zur Verfügung steht und nicht nach Bedarf untereinander ausgetauscht werden muss. In Gänze braucht es schnell verfüg- und verlegbare Einheiten des Sanitätsdienstes, die Verwundete innerhalb kürzester Zeit versorgen können.

Über all dies verfügt die Bundeswehr grundsätzlich, aber nicht annähernd in ausreichendem Maße. Die Munitionsvorräte reichen für wenige Tage, sehr optimistisch gerechnet für einige Wochen. Die Kapazitäten zum Schienentransport von schwerem Gerät sind marginal. Liegenschaften, auch um Soldatinnen und Soldaten adäquat unterzubringen, wurden in ganz Deutschland in großem Stil aufgegeben und von den Städten und Gemeinden neu verplant und bebaut. All die Kapazitäten und Fähigkeiten, die die Bundeswehr wie selbstverständlich einst vorgehalten hat, müssen wieder hochgefahren werden – und das möglichst zügig. Nicht in allen Bereichen geht es so unkompliziert wie bei der persönlichen Ausrüstung, für welche das Verteidigungsministerium im Eiltempo einen Vertrag über zwei Milliarden Euro aufgesetzt hat, um sich auch die umkämpften Ressourcen für schusssicheres Material zu sichern. Es bedarf auch einer konsequenten Digitalisierung der Führungsfähigkeit, der Kommunikation und der Informationsverarbeitung.

Der zweite zentrale Grund für die geringe Kaltstartfähigkeit liegt in der Personalplanung. Die Bundeswehr hat große Probleme, den angestrebten Personalaufwuchs umzusetzen. In den meisten Monaten verbleibt die Personalstärke auf Vormonatsniveau. Dabei wird eigentlich angestrebt, bis 2027 die Zielmarke von 203 000 Soldatinnen und Soldaten zu erreichen. Im Jahr 2022 sind es zwischen 182 000 und 184 000. Das entspricht dem Niveau der Vorjahre, nachdem 2015 der personelle Tiefpunkt erreicht worden war.

Wenn an diesem Ziel weiter festgehalten werden sollte, läuft die Bundeswehr Gefahr, erneut hohle Strukturen zu schaffen. Dann sind die Dienstposten und militärischen Fähigkeiten zwar auf dem Papier vorhanden, können aber faktisch nicht eingesetzt werden. Das Prinzip Gießkanne

II. DEUTSCHLANDS LAGE

funktioniert bei der Personalplanung erst recht nicht. Bereits heute gibt es Laufbahnen, Fachbereiche und Dienstgrade, in denen die Bundeswehr noch weniger Personal hat als im Durchschnitt, während man andererseits eine eindeutige Kopflastigkeit mit zu vielen hohen Offizieren beobachtet.

Es liegt nahe, in der jetzigen sicherheitspolitischen Situation über eine Vergrößerung der Bundeswehr nachzudenken. Zwei Argumente sprechen aus meiner Sicht dagegen: Zum einen definiert sich militärische Stärke nicht mehr allein über die Anzahl der bewaffneten Personen. Vielmehr kommt es auf den Grad der Ausbildung und die Spezialisierung an, in Verbindung mit den zur Verfügung stehenden Waffensystemen. Hinzu kommt, dass sich das Personal-Soll direkt aus dem Fähigkeiten-Soll ableitet und sich nicht für politische Bieterwettbewerbe eignet. Zum anderen müssen die möglichen neuen Dienstposten auch besetzt werden können. Geeignete Kandidatinnen und Kandidaten zu finden, die sich für die Bundeswehr entscheiden und auch länger dortbleiben, ist nicht so leicht. Die Bewerbungszahlen nehmen zu, aber sind noch zu niedrig, um genügend junge Menschen zu finden, die den hohen Anforderungen der Bundeswehr entsprechen. Denn unter den Bewerberinnen und Bewerbern wird aus vielen Gründen kräftig ausgesiebt.

Über die Attraktivität des Dienstes wurde in der Vergangenheit viel gesprochen. Meist ging es darum, das Arbeitsumfeld und die Betriebsbedingungen angenehmer zu gestalten – für den Friedensbetrieb sehr sinnvolle

BUNDESWEHR UND ÄUSSERE SICHERHEIT

Maßnahmen, die den Alltag der Soldatinnen und Soldaten erleichtert haben und auch der Konkurrenz auf dem Arbeitsmarkt geschuldet waren. Wir wissen, dass der Soldatenberuf kein gewöhnlicher Beruf ist. Freilich gibt es auch in der Bundeswehr viele Schreibtischjobs mit geregelten Arbeitszeiten, aber wer sich der Truppe anschließt und sich für lange Zeit als Soldat oder Soldatin verpflichtet, muss wissen, worauf er sich einlässt: Dieser Beruf bedeutet auch, in einen Einsatz in ein Krisengebiet zu gehen. Er kann heute bedeuten, mehr denn je, im Rahmen der Landes- und Bündnisverteidigung in einem Krieg zu kämpfen.

Soldatinnen und Soldaten sind dazu bereit, ihre Gesundheit und ihr Leben zu riskieren, um die Bundesrepublik zu verteidigen. Sie sind dazu bereit und in der Lage, Infrastruktur zu zerstören und feindliche Soldaten schlimmstenfalls zu töten. Die Fähigkeit und die Bereitschaft zu kämpfen sind es, die die Soldatinnen und den Soldaten von Beamtinnen und Beamten und anderen Staatsdienerinnen und Staatsdienern unterscheiden. Das unterscheidet Luftwaffen- und Lufthansa-Personal und Marine-Kräfte von der zivilen Seefahrt. Das gehört zum Wesenskern des Berufs und muss auch so vermittelt werden. Für diese Bereitschaft müssen wir interessierten Menschen eine berufliche und gesellschaftliche Absicherung bieten.

Seit Beginn des Krieges in der Ukraine können wir zwei Strömungen beobachten: Auf der einen Seite hat die Zahl der Kriegsdienstverweigerer innerhalb und außerhalb der Bundeswehr zugenommen. Also auch bereits in der Bun-

II. DEUTSCHLANDS LAGE

deswehr aktive Männer und Frauen, die plötzlich ihre folgenschwere Aufgabe registrieren. Auf der anderen Seite hat aber auch das Interesse an der Bundeswehr als Arbeitgeber deutlich zugenommen. Denn der Krieg hat vor Augen geführt, was schlimmstenfalls passieren kann, aber auch, welche Relevanz die Bundeswehr für dieses Land und für die internationalen Bündnisse besitzt. Wenngleich ich es heute für unwahrscheinlich halte, dass Deutschland in akuter Kriegsgefahr ist, so ist dieses Szenario für viele Menschen plötzlich real und sehr konkret geworden, wie seit Öffnung der Mauer vor drei Jahrzehnten nicht mehr.

Zu den Zeiten des Kalten Krieges war jedem, der zum Wehrdienst eingezogen wurde, klar, wie der Ernstfall aussieht: eine direkte Konfrontation zwischen Ost- und Westdeutschland, sowjetische Panzereinheiten, die über das Fulda-Gap, das Gebiet zwischen der hessisch-thüringischen Grenze und Frankfurt am Main, versuchen, in den Westen vorzustoßen. Jeder Soldat lernte, dass dieses Szenario Realität werden könnte. Heute besteht so ein Bedrohungsszenario nicht mehr. Zumindest bis ins Jahr 2014 galt der Einsatz in Afghanistan als das Gefährlichste, was Soldaten und Soldatinnen erleben konnten.

Jetzt ist ein anderes Szenario deutlich, nämlich dass deutsche Soldatinnen und Soldaten eines Tages das Bündnisgebiet verteidigen – sei es in Litauen, in Polen, in der Slowakei oder gar in Finnland. Die Gefahr ist sichtbar. Doch im Gegensatz zum Kalten Krieg fehlt im deutschen Bewusstsein heute der Bezug zum Militär oder gar ein

BUNDESWEHR UND ÄUSSERE SICHERHEIT

Verständnis dafür, wen oder was die Bundeswehr eigentlich gegen wen verteidigen soll.

Wir spüren heute in der Gesellschaft eine Skepsis gegenüber allem Militärischen. Symbole und Rituale der Streitkräfte werden häufig mit dem Nationalsozialismus in Verbindung gebracht. Zum Großen Zapfenstreich vor dem Reichstagsgebäude, bei dem die aus Kabul heimkehrenden Soldaten und Soldatinnen geehrt wurden, stellvertretend für alle, die im Laufe von zwanzig Jahren in Afghanistan im Einsatz waren, wütete in den sozialen Medien ein Shitstorm. Auslöser waren die beim Zapfenstreich genutzten Fackeln. Mancher verglich diese alte Tradition mit den Fackelzügen der Nazis. Die Assoziation von Militär und Faschismus ist kein Einzelphänomen. Dieses Stereotyp kommt immer wieder vor. Fälle von Rechtsextremisten in der Bundeswehr und der teilweise unbeholfene Umgang mit Namen und Redewendungen aus der Wehrmacht sind Wasser auf die Mühlen derer, die Soldaten grundsätzlich für moralisch anfällig halten.

Diese verkennen jedoch, dass gerade die Bundeswehr mit ihrer Inneren Führung, mit der Verankerung von demokratischen Prinzipien und mit ihrer starken parlamentarischen Kontrolle eine wesentliche Lehre aus der Vergangenheit gezogen hat. Sie ist darauf angelegt, unsere freiheitlich-demokratische Grundordnung zu schützen und alle Gefahren für das deutsche Volk abzuwehren. Insbesondere aufgrund der deutschen Geschichte wurden bei der Wiederbewaffnung der Bundesrepublik 1955 strenge Maßstäbe angelegt, die eine gesellschaftliche Verselbstständigung des Militärs verhindern sollen.

II. DEUTSCHLANDS LAGE

Das fehlende Wissen über die Bundeswehr im Speziellen und das Militär im Allgemeinen ist auch dadurch begründet, dass die meisten Familien seit der Aussetzung der Wehrpflicht kaum noch Berührung mit der Bundeswehr haben. Dazu waren die Soldatinnen und Soldaten im Alltag lange unsichtbar. Dass aber das Unbekannte nicht automatisch auch ungeliebt ist, hat sich an zwei Phänomenen der letzten Jahre gezeigt. Zunächst sind es die Soldatinnen und Soldaten, die kostenlos die Deutsche Bahn benutzen dürfen, sofern sie ihre Uniform tragen. Mit ihnen ist der Flecktarn als Teil des öffentlichen Bildes genauso selbstverständlich, wie die Angehörigen der Bundeswehr Teil der Gesellschaft sind. Und die Reaktionen der meisten Mitreisenden sind positiv. Zusätzlich kam der Bundeswehr bei der Bewältigung der Corona-Pandemie eine entscheidende Rolle zu. Soldatinnen und Soldaten unterstützten die Gesundheitsämter, waren in Krankenhäusern und Pflegeheimen im Einsatz. Dieses Engagement wurde durchweg als positiv wahrgenommen. Auch die akute Hilfe durch Bundeswehrpioniere bei der schrecklichen Flut im Sommer 2021 in Rheinland-Pfalz und Nordrhein-Westfalen ist im öffentlichen Bewusstsein.

Doch gerade das Beispiel der Corona-Amtshilfe macht ein Problem deutlich: Die meisten Menschen wissen nicht genau, wozu die Bundeswehr eigentlich da ist. Denn das Nachverfolgen von Kontakten und das Testen auf das Virus gehören eben nicht zu den zentralen Aufgaben von Soldatinnen und Soldaten. Schlagzeilen macht die Bundeswehr im besten Fall mit Amtshilfe, im schlechtesten

BUNDESWEHR UND ÄUSSERE SICHERHEIT

Fall mit fehlendem Material und zu langer und teurer Instandsetzung des Segelschulschiffs »Gorch Fock«.

Angesichts dessen, dass die Männer und Frauen in Uniform sich dazu bereit erklärt haben, im wahrsten Sinne des Wortes ihren Kopf für den Schutz unseres Volkes hinzuhalten, ist diese Form des Desinteresses ausgesprochen beunruhigend. Es sind oft die kleinen Dinge, die die Soldatinnen und Soldaten nerven, oft aber auch aufreiben, und das hat besonders viel mit Bürokratismus zu tun. Wenn die Kampfschwimmer seit sage und schreibe einem Jahrzehnt auf ihr Übungsschwimmbecken oder auf Schlauchboote warten müssen, dann ist das nicht lustig, sondern unerträglich. Zumal die Gefahr besteht, dass sie mangels Übungsmaterials Fähigkeiten abmelden. Wenn Fluglehrer und Piloten ihre Lizenz zu verlieren drohen, weil sie mangels intakten Geräts nicht regelmäßig fliegen können, dann geht das auf Kosten der Einsatzbereitschaft.

Und Einsatzbereitschaft bedeutet Attraktivität. Wenn ein U-Boot-Kommandant mir gegenüber klagt, er bekomme vom Verpflegungsamt der Bundeswehr zentral für einen Einsatz Lebensmittelvorräte geliefert, die weder der Smutje bestellt habe noch die Mannschaft an Bord gerne isst, dann klingt das absurd. Im U-Boot wird in allen Ecken Proviant verstaut. Unter der Decke schaukeln in aufgespannten Hängematten Konservenbrot und Gemüse, zwischen den Rohren die Hartwurst. Da wird dann auch das verstaut, was nicht erwünscht ist und daher auch auf der Fahrt nicht zubereitet wird. Das hängt im Weg und landet irgendwann bei den Fischen.

Wenn im Auslandseinsatz die Soldatinnen und Solda-

II. DEUTSCHLANDS LAGE

ten einer Kampfgruppe aufgrund von Eiseskälte bestimmte Funktionskleidung bekommen, ihre Kameradinnen und Kameraden der Sanitätskompanie aber nicht, weil sie zwar die Kampfgruppe begleiten, aber ja nicht selbst kämpfen, dann fragt man sich, wer eine solche Regel aufgestellt hat. Das Ergebnis war, die Betroffenen kauften sich die Kleidung selbst.

Ich könnte viele dieser vermeintlich kleinen Probleme auflisten, die mir bei meinen Truppenbesuchen begegnen, und es gibt noch Steigerungen gesetzlicher Art. Dazu gehört die europäische Arbeitszeitrichtlinie. Auf ihrer Grundlage hat das Verteidigungsministerium die Soldatenarbeitszeitverordnung erlassen. Sie legt auch für die Bundeswehr Mindestvorschriften für Sicherheit und Gesundheitsschutz fest. Unter anderem gibt es die Vorgabe zur wöchentlichen Höchstarbeitszeit. Das Gesetz hebt zwar hervor, dass bestimmte Tätigkeiten zum Beispiel bei den Streitkräften weiterhin erlaubt sind, allerdings haben die EU-Mitgliedsstaaten die Richtlinie für ihre Streitkräfte unterschiedlich umgesetzt: Die Franzosen zum Beispiel lehnen sie schlichtweg ab. In Deutschland heißt es auch in der Truppe »ab Freitag um eins macht jeder seins«.

Man stelle sich vor, die Polizeistationen oder die Feuerwehr seien am Wochenende nicht besetzt, der Notruf würde auf den kommenden Montag verweisen oder die Krankenhäuser für Notfälle geschlossen. Diese Richtlinie hat für die Zusammenarbeit der Bundeswehr mit europäischen Partnern unmittelbare Folgen: in den deutsch-französischen Einheiten zum Beispiel. Die französischen

Truppensteller arbeiten gegebenenfalls auch übers Wochenende, die Deutschen gehen nach Hause und kommen montags wieder. So werden effektive Zusammenarbeit und die Flexibilität, auf Lagen zu reagieren, erschwert oder fast unmöglich gemacht. Unsere Soldatinnen und Soldaten bestätigen mir beim Besuch der deutsch-französischen Brigade, dass dies nicht in ihrem Sinne sei und abgeschafft gehöre, da eine solche Regelung das Zusammenarbeiten und die Kameradschaft deutlich belasten würde. So wie mir auch Soldatinnen und Soldaten bei meinem Besuch in Mali frustriert berichteten, dass beim seinerzeit gemeinsamen Einsatz in der Sahelzone die Franzosen regelmäßig Schießübungen gemacht haben, die deutschen Kameradinnen und Kameraden aber nicht mitüben durften, weil der französische Schießstand nicht den deutschen Sicherheitsstandards genügte.

Es gibt viele bürokratische Hürden, die rasch abzubauen wären. »Aber etwas grundsätzlich zu verändern, würde bedeuten, man müsste Verantwortung für die daraus entstehenden Folgen übernehmen. Und wer möchte das in der Administration schon?«, sagte eine zivile Mitarbeiterin der Bundeswehr zu mir. Es gebe, so eine Kollegin von ihr, »in der Bundeswehr keine Fehlerkultur. Also traut sich keiner«. »Was soll ich mich mit dem System anlegen, in drei Jahren habe ich die Pensionsgrenze erreicht und möchte keine Reduzierung meiner Bezüge aufs Spiel setzen«, so ein hoher Beamter im Verteidigungsministerium. Die Reihe solcher Beispiele und Zitate ließe sich fortsetzen. Es bewegt und berührt die Soldatinnen und Soldaten unmittelbar, legt Hand an ihre Arbeit und fördert nicht

II. DEUTSCHLANDS LAGE

die Motivation, wie auch in diesem Fall: In früheren Zeiten wurden bei den Marineverbänden die Matrosen auf »ihrer« Fregatte untergebracht und konnten in ihrer Kammer auch am Wochenende wohnen. Inzwischen ist dies nicht mehr erlaubt. Die Arbeitszeitverordnung verpflichtet die Crew am Wochenende, ihren »Arbeitsplatz« zu verlassen. Die Folge davon schildert mir ein junger Unteroffizier zur See. Er müsse nun in Hafennähe ein Zimmer mieten, welches nicht nur schwer zu finden, sondern auch kaum bezahlbar sei. So eine Regel nennt man wohl den ganz normalen Wahnsinn.

Und dass bis heute Tausende von Soldatinnen und Soldaten, die während der Corona-Pandemie und nach der Flutkatastrophe im Ahrtal geholfen haben, immer noch keine Anerkennungsmedaille für ihren Einsatz bekommen haben, weil entweder das Ministerium oder angeblich das Bundespräsidialamt nicht in die Gänge kommt, zeigt, was passiert, wenn die Verantwortung immer weitergereicht wird. Der ehemalige Wehrbeauftragte des Bundestages, Hans-Peter Bartels, nannte dies einmal »Verantwortungsdiffusion«. Besser lässt es sich nicht ausdrücken.

III.
DEUTSCHLANDS AUFGABEN

Die sicherheitspolitische Lage Europas und der freien westlichen Welt ist ausgesprochen ernst. Unser Wertekanon ist aktuell bedroht und unsere freie, auf Toleranz und Menschenrechten basierende, demokratische Lebensweise infrage stellt. Wir haben es mit zahlreichen Herausforderungen zu tun, die alle im völkerrechtswidrigen Überfall Russlands auf die Ukraine wurzeln. Das macht die Lage komplex und schwierig, weil sie viele Selbstverständlichkeiten (Frieden in Europa, Energiesicherheit, ökonomische Stabilität, Reisefreiheit) infrage stellt, auch bei uns in Deutschland. Dieser Gesamtlage zu begegnen ist aber machbar. Es ist wichtig, einen kühlen Kopf zu bewahren. Vor allem aber zwingt uns der russische Angriff auf die Ukraine, der diesen Staat zu zerstören sucht und die ihm zur Seite stehende westliche Staatengemeinschaft destabilisieren will, zum Handeln. Es ist höchste Zeit.

Bereits in den Zehnerjahren des 21. Jahrhunderts sind wir mit Krisen konfrontiert worden. Eine Pandemie dieses Ausmaßes allerdings, die den ganzen Erdball binnen kürzester Zeit in den Krisenmodus versetzte, haben wir noch nicht erlebt. Angst vor schwerer Erkrankung oder um die berufliche Existenz und soziale Isolation haben unser Leben auf den Kopf gestellt. Auch wenn Corona nach fast drei Jahren noch nicht überwunden ist, so wissen wir heute doch deutlich mehr über den Krankheits-

III. DEUTSCHLANDS AUFGABEN

verlauf und die Möglichkeiten, den Varianten des Virus zu begegnen. Wir werden mit dieser Gefahr in Zukunft zu leben haben. Und wir werden es hinbekommen.

Die heutige außenpolitische Lage und die Folgen werden wir auch überstehen – sofern wir bereit sind, diese Herausforderungen ernst zu nehmen und ihnen auf unterschiedlichen Ebenen entsprechend robust zu begegnen. Dazu braucht es Entschlossenheit, große Anstrengungen im politischen, gesellschaftlichen und persönlichen Bereich und den Mut, die Probleme beim Namen zu nennen. Wegschauen ist nach dem 24. Februar 2022 keine Option mehr.

Daher möchte ich es in diesem Buch nicht bei der Lageanalyse belassen, sondern auch aufzeigen, was jetzt zu tun ist. Was wir tun müssen, sofern wir weiter in Sicherheit und in Freiheit leben wollen. Wir alle in Deutschland müssen begreifen, welche Rolle die Bundesrepublik aktuell im internationalen Konzert spielt und künftig spielen muss. Dieses Begreifen kann die Politik anstoßen, begleiten und erklären. Entscheidend ist aber, dass dieses neue Selbstverständnis und seine Folgen in den Köpfen der Bürgerinnen und Bürger ankommen. Das ganze Land muss die neue Politik nach der Zeitenwende mittragen. Nur so werden wir den nachfolgenden Generationen ein Leben in Wohlstand, Freiheit und Sicherheit ermöglichen, das wir selbst jahrzehntelang haben führen dürfen.

In der Gesellschaft

Ich habe mich seit Kriegsbeginn mit sehr vielen Menschen ausgetauscht, die sich als politisch links einordnen würden, die sich als Pazifisten verstehen. Viele von ihnen erachten es aber heute als durchaus richtig, dass Deutschland die Ukraine humanitär, wirtschaftlich, aber auch mit militärischem Material und sogar mit schweren Waffen unterstützt. Sie sehen darin keinen Widerspruch zu ihrer bisherigen Sichtweise.

Sehr viele dieser Gesprächspartner räumen ihre tiefe Enttäuschung darüber ein, dass Russland diesen sinnlosen, völkerrechtswidrigen Krieg vom Zaun gebrochen hat – weil sie wahrnehmen, dass eine friedliche Kooperation mit Russland unter diesen Umständen nicht möglich ist. Weil sie mit Entsetzen feststellen, dass Russland nicht an Gesprächen mit der Ukraine interessiert ist, sondern ein imperialistisches Ziel verfolgt. Sie sind erschüttert darüber, welches Maß an Brutalität Russland bereits ausübt, um seine Kriegsziele zu erreichen. Dabei werden die Zivilbevölkerung ermordet, Frauen vergewaltigt, Kinder verschleppt, den Flüchtenden und Vertriebenen der Weg versperrt und ukrainische Gefangene gefoltert und hingerichtet.

Ich habe sehr großen Respekt vor all denen, die bereit

III. DEUTSCHLANDS AUFGABEN

sind, diese neue Realität anzunehmen, und offen eingestehen, dass sie in ihrer Sichtweise womöglich falschgelegen haben. Als Konsequenz aus diesem furchtbaren Krieg müssen wir unsere Diskurse offen führen, aber zur Kenntnis nehmen, dass diese brutale Realität mitten in Europa neue Antworten braucht. Dazu gehört, dass politische Entscheidungen der Vergangenheit, seien sie noch so gut gemeint gewesen, selbstkritisch reflektiert und gegebenenfalls revidiert werden: Ich meine etwa die Energie- und die Klimapolitik, denke aber auch an unser Verhältnis, welches wir aus wirtschaftlichen Gründen zu autoritären Staaten pflegen und das wir dringend hinterfragen müssen.

Wir werden in Zukunft Millionen von Menschen weltweit kaum noch ernähren können, wenn Nahrungsmittel als strategisches Mittel im Krieg eingesetzt und Schiffe beladen mit Getreide an der Ausfahrt gehindert werden. Davon sind heute schon 190 Millionen Menschen betroffen. Wie wollen wir damit umgehen, wenn dicht bevölkerte Regionen im Nahen und Mittleren Osten oder auf dem afrikanischen Kontinent durch Terror destabilisiert werden, um Flucht und Massenmigration auszulösen, auch um Europa unter Druck zu setzen? Selbst eine humane, liberale und offenherzige Gesellschaft, die neben einem kontrollierten Zuzug von Migration in den Arbeitsmarkt auch ihrer humanitären Verpflichtung nachkommen möchte, wird mit einer anhaltenden Massenmigration nicht so ohne Weiteres fertigwerden. Diese Auswirkungen von Krieg und Zerstörung, von Hunger und Flucht werden auch in unserem

IN DER GESELLSCHAFT

Alltag zu spüren sein und auch unsere Lebensbedingungen in den folgenden Jahren verändern.

Wann der Krieg in der Ukraine beendet sein wird, ist offen. Zieht Wladimir Putin seine Truppen nicht zurück und akzeptiert er nicht die territoriale Integrität der Ukraine, dann wird ausschließlich die Ukraine entscheiden, wann der Zeitpunkt gekommen sein könnte und unter welchen Bedingungen ein Waffenstillstand überhaupt möglich ist. Auch danach wird unser Verhältnis zu Russland auf lange Zeit zerstört sein, vor allem wenn Wladimir Putin und die für diesen mörderischen Überfall Verantwortlichen an der Macht bleiben.

Die Folgen der extremen Abhängigkeit von russischer Energie, die die vergangenen Bundesregierungen zu verantworten haben, werden uns nachhaltig beschäftigen, und wir müssen davon ausgehen, dass die Auswirkungen des Krieges auf den Weltmarkt und die Preissteigerungen lange zu spüren sein werden.

Es steht Gigantisches auf dem Spiel. Vom Ausgang des Krieges in der Ukraine hängt maßgeblich ab, wie stabil das Leben in Europa sein wird. Wenn Russlands Überfall von Erfolg gekrönt würde und die Weltgemeinschaft zulässt, dass Russland den ostukrainischen Teil des Staatsgebietes annektiert, ist es nur eine Frage der Zeit, bis Putin, sobald seine Armee wieder bei Kräften ist, seinen imperialistischen Expansionshunger weiter zu stillen versucht: indem er Norden, Süden und Westen der Ukraine, aber auch Moldau und Georgien angreift. Und letztlich wird er vor den baltischen Staaten Estland, Lettland, Litauen nicht haltmachen, auch wenn diese Länder Mit-

III. DEUTSCHLANDS AUFGABEN

glied der NATO sind. Spätestens dann sind wir in Deutschland eine mit Waffen kämpfende Kriegspartei.

Vor diesem Szenario haben uns die baltischen und andere europäische Staaten, die eine Grenze zu Russland haben, wie Norwegen und Finnland, übrigens immer gewarnt. Und auch wenn Deutschland, neben anderen Truppenstellern der NATO, in Litauen mit inzwischen mehr als tausend Soldatinnen und Soldaten präsent ist, konnten sich bis vor Kurzem nur wenige vorstellen, wie real die Gefahr ist. Uns würden in ganz Europa viele Jahre der militärischen Auseinandersetzung und damit einhergehend Zerstörung, Instabilität und wirtschaftlicher Abschwung drohen.

Unsere Gesellschaft muss eine Zeit lang Einschränkungen tragen, die für viele Menschen individuell schwierig sein werden, auch wenn der Staat einiges kompensieren wird. Gemessen an dem Elend, das die Ukrainerinnen und Ukrainer ertragen müssen, und dem, was Europa droht, wenn Putins Morden und Unterwerfen nicht ein für allemal beendet werden, leben wir in einem stabilen, sozialen Umfeld. Um Putin zu stoppen, müssen wir daher alles unternehmen, was im Rahmen des Völkerrechts möglich ist.

Wir sehen am Schicksal der Ukraine, wie schnell ein Land und seine Bevölkerung alles verlieren können. Wir erschrecken bei der Erkenntnis, dass Freiheit, Frieden, ein Leben ohne Angst, Not und Bedrohung, eine in Rücksicht verbundene soziale Gesellschaft verletzlich und vergänglich sind. Das betrifft plötzlich auch uns. Unsere auf Werten basierte Welt wird fundamental herausgefordert – an

IN DER GESELLSCHAFT

erster Stelle durch Putin, aber auch durch andere Autokraten, die Demokratie und Freiheit hassen und geeint darin sind, unsere freiheitlich-demokratische Grundordnung zu zerstören, und alles daran setzen, ihren eigenen Völkern die Freiheit zu verwehren.

Die grundsätzlich positive Entwicklung nach dem Fall der Mauer und dem Ende des Kalten Krieges hat manchen hierzulande satt und zufrieden gemacht. Aber wir müssen jetzt unsere Komfortzone verlassen, alleine schon, damit unsere Kinder und Enkelkinder das gleiche sichere Leben führen dürfen, das für uns selbstverständlich ist. Die Herausforderungen liegen auf dem Tisch. Sie zu negieren, wäre verantwortungslos. Der Angriff auf unsere Werte läuft bereits. Was wir jetzt brauchen, ist der Mut, streitbar und wehrwillig zu sein.

Streitbar heißt: Wir müssen in der Lage sein, den Fehdehandschuh aufzunehmen, vorausgesetzt natürlich, dass wir überzeugt davon sind, das Richtige zu tun. Nur wer über Überzeugungen verfügt, wird auch bereit sein, im besten Sinne zu streiten. Dazu muss uns bewusst sein, was uns von denen unterscheidet, die nicht zulassen wollen, dass Menschen selbstbestimmt und frei leben. Der Modus des Gemütlichen, des ausschließlich eigenen Wohlergehens ist vorbei. Stellen wir uns der Herausforderung!

Damit wir unserer Herausforderung gerecht werden, brauchen wir als Staat und Gesellschaft dringend mehr Wehrhaftigkeit, nach außen wie nach innen. Wehrhaft zu sein bedeutet auch, um ein Beispiel zu nennen, bei Informationen, die uns erreichen, die Quellen zu überprüfen,

III. DEUTSCHLANDS AUFGABEN

zu hinterfragen, wer diese Informationen in die Welt gesetzt hat und welche Ziele damit verfolgt werden. Sich nicht beeinflussen zu lassen von Telegram-Channels und Texttafeln auf Instagram, das gehört zur intellektuellen Wehrhaftigkeit. Wir dürfen uns nicht von dem Hass spalten lassen, den freiheitsfeindliche Akteure in unserer Gesellschaft säen, seien es rechte und linke Hetzer, Verschwörungsideologen, religiöse Extremisten oder aus Russland und China gelenkte Trolle.

Denn die größten Schwachstellen einer offenen Gesellschaft sind ihre eigene Unsicherheit und die mögliche Zerrissenheit. Wenn wir uns gegenseitig hasserfüllt bekämpfen, uns als Kollektiv im Inneren langsam aushöhlen, ist es ein Einfaches, uns von außen anzugreifen. Das gilt für die ganze freie Welt. Europa im Besonderen ist mehr Familie, als mancher in seinen kühnsten Träumen geglaubt hätte. Wir sind im Laufe der Jahrzehnte zusammengewachsen. Bei aller unterschiedlicher geographischer Perspektive und bei aller Unterschiedlichkeit der Mentalität sind wir eine Gemeinschaft, ein Nachkriegsfriedensprojekt, das stark ist. Die Einigkeit der EU nach Putins Angriff war daher so logisch wie bemerkenswert. Auch das ist eine Lektion, die wir spätestens jetzt lernen: Wir werden in Zukunft nur noch als geeintes Europa eine signifikante Rolle in der Welt spielen.

Wir werden in den täglichen politischen Diskussionen der Zukunft weiterhin ringen zwischen Linken und Rechten, zwischen Stadt und Land, Wohlstand und Armut, Progressiven und Konservativen, West und Ost. Aber die eigentliche Auseinandersetzung kommt erst jetzt. Es geht

IN DER GESELLSCHAFT

um die ganz elementare Frage, in welchem System wir in Zukunft leben werden – demokratisch oder autokratisch, frei oder unfrei, wo die Stärke des Rechts oder das Recht des Stärkeren gilt, wo die wertebasierte Welt oder die Welt der Willkür das Sagen hat. Die demokratischen Parteien haben die Aufgabe, diesen Kampf gemeinsam zu bestehen und die Menschen mitzunehmen.

In der Politik

Die Zeitenwende-Rede von Bundeskanzler Olaf Scholz, in der er eine deutliche Veränderung der deutschen Sicherheits- und Verteidigungspolitik ankündigte und dies gemeinsam mit Finanzminister Christian Lindner in Form eines Sondervermögens für die Bundeswehr über einhundert Milliarden Euro untermauerte, war ein großer Moment in der deutschen Politik. Klar war und ist aber auch, dass es mit einem ersten wichtigen Impuls längst nicht getan ist.

Bereits nach der Annexion der Krim und dem ersten Angriff auf die Ostukraine im Jahre 2014 wurde eine Wende in der deutschen Sicherheitspolitik gefordert. Es fehlte der Großen Koalition seinerzeit das Gespür für die Tragik der Lage und damit auch der Wille, diesen geforderten Wandel anzugehen. Viel zu schnell kehrte man zum Tagesgeschäft zurück. Das Interesse von Presse und Öffentlichkeit am Schicksal der Ostukraine ließ schnell nach. Und damit verschwand der Krieg aus dem Bewusstsein, obwohl 15 000 Menschen das Leben verloren haben.

Erstaunlich schnell hatte sich auch das Verhältnis zu Russland wieder weitgehend normalisiert. Diesen Warnschuss hat die westliche Gemeinschaft überhört, auch wenn Russland aus den G8 ausgeschlossen wurde. Ein wichtiger Schritt, dem mehr hätte folgen müssen. Wladimir Putin musste die westliche Reaktion auf die Annexion der Krim geradezu als Einladung verstehen, an seinen Expansionsplänen festzuhalten. Die Reaktion des Westens, den er sowieso nicht für voll nimmt, den er als weich und aufgrund seiner Pluralität als handlungsunfähig erachtet, musste er nicht ernst nehmen. Die völkerrechtswidrige Annexion der Krim und der erste Übergriff auf die Ostukraine hat Putin als erfolgreiche Generalprobe verstanden für den Angriffskrieg 2022. Hat der Westen ihn vor acht Jahren quasi ignoriert, so muss er jetzt umso entschlossener handeln.

Wir müssen als Staat und als Gesellschaft streitbar, wehrwillig und wehrhaft werden, sonst sind alle Reden über unsere Werte nur Worthülsen. Wir müssen Deutschland und seine Institutionen umgehend auf zukünftige Systemauseinandersetzungen vorbereiten, wie das osteuropäische Nachbarn schon lange und selbstverständlich tun. Diese Aufgabenfelder müssen vorrangig auf Bundesebene angegangen werden:

- Wir müssen Deutschlands Bündnisfähigkeit und militärische Wehrhaftigkeit vollständig gewährleisten.
- Deutschland braucht eine außen- und sicherheitspolitische Strategie, basierend auf klar definierten eigenen Interessen.
- Deutschland muss sich verabschieden von der Toleranz für Intoleranz. Wenn wir unseren Wertekanon nicht aufgeben wollen, müssen unsere Werte auch im

III. DEUTSCHLANDS AUFGABEN

Inneren konsequent durchgesetzt und Polizei und Gerichtsbarkeit entsprechend ausgestattet werden.
- Wir Politiker müssen die Bürgerinnen und Bürger mitnehmen, ihnen zunächst die Lage und dann unser Handeln erklären – und wir müssen ihnen und uns Diskussionen zumuten. Wer seinem eigenen Volk nicht traut oder nichts zutraut, der darf auch nicht überrascht sein, dass vor allem in den sozialen Netzwerken die Trolle leichtes Spiel haben. Offene Ansagen erzeugen Reaktionen. Gut so. Klare Aussagen verhindern Missverständnisse. Das klingt einfach und ist gerade deswegen eine Mammutaufgabe, denen sich die politischen Mandatsträger und Mandatsträgerinnen mit Nerven, politischem Gespür und Geschick zu stellen haben.

Um Angriffe auf unseren Staat zu verhindern, bedarf es einer unmissverständlichen und entsprechenden militärischen Abschreckung. »Si vis pacem para bellum«, wenn du den Frieden willst, bereite den Krieg vor. Die NATO konnte nun mehr als sieben Jahrzehnte lang den Frieden auf ihrem Territorium garantieren, weil sie glaubhaft und entschlossen ist und ihre Mitgliedsstaaten bereit und fähig sind, jeden Angreifer kollektiv abzuwehren. Der Bündnisfall wird in Artikel 5 des Nordatlantikvertrags von 1949 definiert. Darin vereinbaren die Vertragsparteien, »dass ein bewaffneter Angriff gegen eine oder mehrere von ihnen in Europa oder Nordamerika als ein Angriff gegen sie alle angesehen werden wird«. Im Falle eines solchen Angriffs soll jede Partei, entsprechend dem

IN DER POLITIK

Selbstverteidigungsrecht nach Artikel 51 der UN-Charta, den Angegriffenen Beistand leisten, indem sie unverzüglich »die Maßnahmen, einschließlich der Anwendung von Waffengewalt, trifft, die sie für erforderlich erachtet, um die Sicherheit des nordatlantischen Gebiets wieder herzustellen und zu erhalten«.

Nach der Wiedervereinigung 1990 und dem Ende des Kalten Krieges haben wir uns in Deutschland gerne auf die Abschreckung durch die USA verlassen. Während wir im Rahmen der nuklearen Abschreckung ausschließlich Teilhaber bleiben, sind wir für die konventionelle Abschreckung aber grundsätzlich selbst verantwortlich. Nicht nur um unsere Bevölkerung auf unserem Territorium zu schützen, sondern auch alle anderen Staaten der NATO. Dazu bedarf es klar definierter militärischer Fähigkeiten, die wir aufgefordert sind vorzuhalten. Wir stellen also Fähigkeiten, wie alle anderen 29 Mitglieder (mit Schweden und Finnland 31) der NATO, zur Verfügung. Ohne Wenn und Aber oder zeitlichen Aufschub.

Den ganz erheblichen Modernisierungsbedarf der Bundeswehr habe ich benannt. Dieser wird nur langsam gedeckt werden können, denn nach dem Fall der Mauer wurde die Bundeswehr nicht nur personell verkleinert, sondern 24 Jahre lang unverantwortlich verzwergt: weniger ziviles Personal, deutlich weniger Soldatinnen und Soldaten, aufgegebene Infrastruktur, abgegebenes Material, Aufgabe von Fähigkeiten, massive Reduzierung des Verteidigungsbudgets.

Das zu reparieren, braucht einen entschiedenen Willen, politische Durchsetzungskraft, gute Nerven und einen

III. DEUTSCHLANDS AUFGABEN

langen Atem, der über eine Wahlperiode hinaus reicht. Denn so gigantisch die hundert Milliarden im Sondervermögen erscheinen, diese Mittel werden angesichts der vorhandenen Lücken in wenigen Jahren ausgegeben sein. Es muss sehr schnell effizient eingesetzt werden, um den dringendsten Bedarf der einzelnen Teilstreitkräfte systematisch abzuarbeiten. Auch in Zukunft werden wir der Lage entsprechend bestimmte Projekte priorisieren und gegebenenfalls vorziehen.

Wo möglich, wollen wir vor allen Dingen marktverfügbare Lösungen kaufen, um eine zügige und reibungslose Beschaffung zu gewährleisten. Entscheidend für die Auswahl von Angeboten ist ausschließlich der Bedarf der Bundeswehr. Dieser besteht nicht nur im materiellen, sondern auch im technologischen Bereich. Die Digitalisierung hat in den letzten zehn Jahren nicht nur das öffentliche Leben in Deutschland, sondern auch die Bundeswehr großzügig umgangen. Digitalisierung und Cyberabwehr gehören daher auch zu den großen Baustellen der Bundeswehr.

Vor diesem Hintergrund, dass wir auch nach Verausgabung des Sondervermögens zwei Prozent des Bruttoinlandsprodukts für Verteidigung ausgeben wollen und dies den NATO-Partnern zugesagt haben, ist es zwingend erforderlich, den Verteidigungshaushalt in Zukunft anzupassen. Wir brauchen dafür einen partei- und fraktionsübergreifenden Konsens. Das Parlament hat als Haushaltsgesetzgeber und als Kontrollinstanz der Bundeswehr eine große Verantwortung für das Gelingen der Modernisierung unserer Streitkräfte. Die Hauptlast zur Umsetzung liegt naturgemäß in der Exekutive, beim Ministerium und all seinen nachgeordneten Dienststellen, aber selbstverständlich auch in der Bundeswehr selbst.

Ich halte daher eine strukturelle Reform des Verteidigungsministeriums und der Bundeswehr für überfällig und unvermeidbar. Das Ministerium wurde in den vergangenen Jahren aufgebläht und gehört verschlankt. Gleichzeitig wurde die Rolle des Generalinspekteurs, als ranghöchstem deutschen Soldaten, innerhalb des Ministeriums bei der letzten Reform deutlich geschwächt. Dabei ist mehr denn je bei der Führung eines solchen Hauses der fundierte militärische Rat notwendig. Auch ohne die im Grundgesetz verankerte Trennung von Streitkräften und ziviler Bundeswehrverwaltung anzutasten, sollte die Rolle des Generalinspekteurs gestärkt werden, er sollte auf der Stufe der Staatssekretäre stehen.

Wir werden keine einsatzbereiten Streitkräfte aufstellen können, wenn wir immer nur an einzelnen Problemen herumlaborieren, anstatt manche Strukturen von Grund auf neu aufzusetzen. Auch hier braucht es Courage und Durchhaltevermögen. Bereits jetzt ist klar, dass der Reformprozess nicht ohne Schmerzen vonstattengehen kann. Denn die Bundeswehr ist aktuell kopflastig und hat zu viele Führungspositionen und Führungsstäbe. Für eine höhere Einsatzbereitschaft braucht es aber vor allem mehr Truppe – einfach ausgedrückt: weniger Häuptlinge und mehr Indianer und gleichzeitig eine Dienstpostenstruktur, die auch auszufüllen ist, damit nicht an allen Ecken und Enden das Personal fehlt.

Die zentrale Aufgabe der deutschen Verteidigungs-

III. DEUTSCHLANDS AUFGABEN

politik der nächsten Jahre wird es sein, die Bundeswehr personell zukunftsfest aufzustellen. Dazu müssen wir pro Jahr sehr viel mehr junge Rekrutinnen und Rekruten gewinnen und auch Quereinsteiger verstärkt für den Dienst an der Waffe anwerben. Wir wissen, dass die Bundeswehr bei jungen Menschen als Arbeitgeber einen Spitzenplatz belegt. Wir wissen aber auch, dass sich viele von ihnen früher oder später gegen die Bundeswehr als Arbeitgeber entscheiden. Zum Teil weil der gesamte Rekrutierungsprozess zu lange dauert, zum Teil weil die Arbeit beim Bund nicht ihren Vorstellungen entspricht, zum Teil weil sie zu wenige Karrieremöglichkeiten sehen.

Das sind zentrale Punkte, an denen die Bundeswehr besser werden muss: schnellere, transparentere und flexiblere Auswahl- und Einstellungsprozesse, Vermittlung eines realistischen Bildes des Arbeitsalltags und eine bessere Unterstützung bei der Planung der Zeit nach der Dienstzeit. Außerdem müssen wir mehr Spezialisten von außen in die Bundeswehr holen. Menschen, die im Bereich Cyber zwar über Fähigkeiten und Talent verfügen, nicht aber über die Eigenschaften, die in der militärischen Grundausbildung abverlangt werden, können sehr wertvoll für die Bundeswehr sein.

Wir müssen die Frage beantworten, wie sich Deutschland, Europa und unsere transatlantischen Partner in der Welt positionieren wollen. Deutschland muss dabei eine entscheidende Rolle spielen. Dazu müssen wir allerdings als Bundesrepublik Deutschland formulieren, was für uns sicherheitsrelevant ist, um eine entsprechende klare Strategie zu entwickeln:

IN DER POLITIK

Wie beurteilen wir die aktuelle Lage?

Welche Ziele wollen wir in welchen Bereichen erreichen?

Welchen Leitgedanken soll unsere Außen- und Sicherheitspolitik folgen?

Welche Schwerpunkte wollen wir innerhalb unserer Bündnisse setzen, und welche Mittel brauchen wir dazu?

Sowohl die Europäische Union als auch die NATO haben im Jahr 2022 strategische Grundlagendokumente beschlossen, in denen Ziele, Bedrohungslagen und daraus folgende Aufgaben klar benannt sind. Die Bundesregierung erarbeitet für Deutschland – man darf sagen: endlich! – eine nationale Sicherheitsstrategie. Entscheidend dabei wird aber sein, was politische Mandatsträger und Fachleute in die Debatte einbringen. Denn strategische Gedanken zu konkretisieren und im Parlament zu diskutieren, ist das eine. Im politischen Alltag strategisch zu denken und die Strategie in den Diskurs einfließen zu lassen, ist etwas anderes. Vor allem, wenn es zu klaren Handlungsaufträgen kommt. Spätestens dann sollte auch die Öffentlichkeit überzeugt davon sein, dass der internationale Einsatz unserer Soldatinnen und Soldaten auch langfristig klug ist und sich am Ende auch nachhaltig für die Bundesrepublik und für Europa auswirkt.

Wir sollten als Mitglieder des Bundestags die Bürgerinnen und Bürger an das Bekenntnis zu nationalen Interessen gewöhnen, die wir strategisch durchsetzen wollen, auch wenn dies gelegentlich zu Diskussionen mit unseren internationalen Partnern führen mag. Ich spreche besonders beim Durchsetzen unserer Ziele definitiv nicht von

III. DEUTSCHLANDS AUFGABEN

deutschen Alleingängen. Selbstverständlich müssen und werden wir immer global denken und Rücksicht nehmen – und Verständnis für die Interessen unserer Partner aufbringen müssen.

Deutschland muss offen und transparent argumentieren und damit auch anderen Nationen deutlich machen, was für uns von hoher sicherheitspolitischer Relevanz ist und wir als Teil wertegeleiteter Bündnisse als wichtig erachten. Wir müssen eine führende Rolle anstreben und ausfüllen.

Kritisch müssen wir uns fragen, ein gutes Jahr nach Abzug unserer Soldatinnen und Soldaten aus Afghanistan: An welcher Stelle und in welchem Moment hat Deutschland, immerhin zweitgrößter Truppensteller, seine Stimme erhoben, als im Herbst 2019 der damalige US-Präsident Trump Gespräche mit den Taliban führte und einen Abzug der Truppen ankündigte, ohne entsprechende Bedingungen oder Forderungen an die Taliban daran zu knüpfen?

Das übergeordnete Ziel unserer Strategie muss sein, unsere Werte nicht nur hochzuhalten, sondern letztlich auch zu verteidigen: Demokratie ist keine Selbstverständlichkeit, sie gilt es im Innern wie nach außen zu sichern. Wir wollen unseren Wohlstand wahren, bestenfalls mehren, den starken Sozialstaat erhalten und in Freiheit und Frieden leben. Wir könnten Vorbild sein und aus der Stärke heraus auch anderen Ländern und Regionen Hilfe zukommen lassen.

Deutschland ist eingebunden in unterschiedliche Bünd-

IN DER POLITIK

nisse, auf unseren militärischen und politisch-diplomatischen Beitrag müssen sich die anderen Staaten zu hundert Prozent verlassen können. Wie bei dem Einsatz der Bundeswehr gilt auch in der Diplomatie und in der Entwicklungszusammenarbeit, die Ziele nicht ausschließlich am Ideal auszurichten, sondern am Machbaren.

Wenn wir, um ein Beispiel zu nennen, in Mali unseren Einsatz ausschließlich daran orientieren, wann die Regierung sich zur Wahl stellt, dann verkennen wir die Lage. Entscheidend für unser Engagement sollte auch diese Überlegung sein: Was geschieht, wenn wir gemeinsam mit unseren Partnern in der Europäischen Union oder als Teil eines Mandats der Vereinten Nationen die Region verlassen? Welche unserer Sicherheitsinteressen würden tangiert, wenn russisches Militär das Vakuum füllt, das wir entstehen lassen. Mali spielt aufgrund seiner geostrategischen Lage eine enorm wichtige Rolle. Mali liegt am Knotenpunkt der Sahelzone, Ostafrikas und der Maghreb-Staaten. Russlands militärisches Eingreifen kann zu massiver Migration in Richtung Europa führen. Auch droht aufgrund des nachlassenden militärischen Drucks der internationale Terrorismus wieder aufzublühen und Europa erneut ins Visier zu nehmen.

Das alles ist zu bedenken, wenn Entscheidungen über unsere Beteiligung am Einsatz in Mali anstehen. Dabei ist eben nicht alles, was ideal wäre, auch realistisch. Wir werden auch immer wieder gezwungenermaßen mit anderen Regierungen im Austausch sein, deren Staatsform nicht unserer Vorstellung von Governance entspricht.

III. DEUTSCHLANDS AUFGABEN

Ich halte die Einsetzung eines ständigen Nationalen Sicherheitsrats für dringend erforderlich. Er sollte in regelmäßigen Abständen und anlassbezogen die Lage analysieren. Auch er würde die Strategiefähigkeit Deutschlands erhöhen. Dieses Gremium würde abseits der Tagespolitik die internationalen Entwicklungen ressortübergreifend in den Blick nehmen, die uns bereits berühren oder mittel- und langfristig berühren könnten. Die Fähigkeit zur strategischen Vorausschau, auch Bedrohungsszenarien mitzudenken, fehlt uns auf Bundesebene komplett. Der russische Überfall auf die Ukraine lehrt uns auf brutale Weise, wie wichtig ein solches Gremium ist. Allein, um die jetzt deutlich sichtbaren Versäumnisse, wie zum Beispiel die Abhängigkeit von russischer Energie, und das strategische Wegschauen, wie im Falle des Einsatzes in Afghanistan, künftig zu vermeiden.

Zu einer strategischen Außen- und Sicherheitspolitik gehört auch, über gezielte Personalpolitik bei der Entsendung von deutschen Vertreterinnen und Vertretern, beispielsweise zu den Vereinten Nationen und ihren Organisationen, in unserem sicherheitspolitischen Interesse Einfluss zu nehmen.

Dringend notwendig ist – nicht nur aus deutscher Sicht – eine Reform des VN-Sicherheitsrats. Die aktuelle Besetzung mit China, Russland, den USA, Großbritannien und Frankreich als ständigen Mitgliedern mit Vetorecht spiegelt längst nicht mehr das globale Kräfteverhältnis wider, sondern basiert ausschließlich auf der Nachkriegsordnung, als die Vereinten Nationen gegründet wurden. Der Sicherheitsrat muss entsprechend angepasst werden, um seine

Handlungsfähigkeit wiederherzustellen und die Blockade Russlands und Chinas auf der einen und der USA, Großbritanniens und Frankreichs auf der anderen Seite aufzulösen, auch um alle Weltregionen gerechter zu repräsentieren. Dabei sollte Deutschland weiter auf einen eigenen dauerhaften Sitz drängen. Das mag für manche unrealistisch erscheinen, sollte aber langfristig unser Ziel sein.

Die Maxime Eigenschutz vor Fremdschutz lässt sich auf die Verteidigung unserer Werte im Innern übertragen. Wenngleich uns die aktuellen sicherheitspolitischen Herausforderungen viel abverlangen, dürfen wir nicht übersehen, dass Feinde unserer Werteordnung in Deutschland selbst zunehmen: Antisemiten, islamistische, links- und rechtsradikale Gruppen und Personen, Verschwörungstheoretiker, Reichsbürger und andere Trolle sowie die organisierte Kriminalität. Diese finden und organisieren sich auch im Netz. Sie verlieren Scham und Hemmungen, weil sie beobachten, wie andere ihren menschenverachtenden Blödsinn folgenlos in den sozialen Medien oder auf Demonstrationen kundtun können. Sie merken, dass selbst die dunkelsten Gedanken von anderen geteilt werden, und fühlen sich ermutigt, immer mehr Öl ins Feuer zu gießen. Die Stimmung ist aufgeheizt, weil oft nur in Extrempositionen diskutiert wird. Hassnachrichten und Todesdrohungen sind schnell geschrieben und verbreitet. Die Gefahr wächst, den Worten auch Taten folgen zu lassen. Wir müssen uns als Staat deutlich besser und kompromissloser zur Wehr setzen, wenn Menschen Intoleranz, Hass und Gewalt verbreiten.

III. DEUTSCHLANDS AUFGABEN

Das beginnt bei einer konsequenteren Verfolgung von Straftaten im Internet. Noch immer werden Hass und Hetze und Androhung von Gewalt nicht mit letzter Konsequenz verfolgt. Aufruf zur Gewalt, Beleidigungen und Todesdrohungen passieren meist unter dem Deckmantel der Anonymität. Und selbst wenn es technische Mittel und Wege gibt, den Absender zu identifizieren, werden Verfahren so gut wie immer eingestellt.

Zu den höchsten Gütern der Demokratie gehört die Meinungsfreiheit. Und diese muss ohne Wenn und Aber geschützt werden. Gleichzeitig müssen wir die Grenze zwischen Meinungsäußerung und Aufruf zur Straftat sehr klar ziehen. Denn Volksverhetzung ist keine Meinung, ebenso wenig wie Gewaltfantasien, auch das Veröffentlichen privater Informationen von Personen mit dem Ziel, ihnen zu schaden, ist nicht von der Meinungsfreiheit gedeckt. Hier dürfen wir als Staat und als Gesellschaft keine falsche Rücksicht nehmen und auf das Narrativ der Rechtsextremen hereinfallen, dass Meinungen zensiert würden.

Als Kernelement unserer Wehrhaftigkeit müssen wir Polizei und Verfassungsschutz stärken. Wir müssen denjenigen, die für unsere innere Sicherheit sorgen, Schutz bieten, wenn sie selbst angegriffen werden. Oft passiert dies, wenn sie stellvertretend für unseren Rechtsstaat angegriffen werden, wie etwa Feuerwehr und Rettungsdienste bei ihren Einsätzen. Wir dürfen nicht zulassen, dass die Autorität des Staates verlacht und mit Füßen getreten wird. Toleranz gegenüber der Intoleranz in der Öffentlichkeit, in der politischen Diskussion, in den Medien

IN DER POLITIK

ist der Anfang vom Ende unseres freiheitlichen Rechtsstaates.

Ebenso wichtig ist es, dass unser Verfassungsschutz wirkungsvoll arbeiten kann. Der »Dienst« war in den letzten Jahren leider auch für negative Schlagzeilen verantwortlich. Nichtsdestotrotz, wir brauchen einen starken Verfassungsschutz, der Extremisten im Blick hat und, wie der Name schon sagt, unsere Verfassung schützt. Dem Verfassungsschutz, ebenso wie dem militärischen Abschirmdienst, der für die Soldatinnen und Soldaten verantwortlich ist, sollten wir vertrauen können.

Es ist die Aufgabe der Politik, offen und deutlich mit den Menschen zu kommunizieren. Dazu gehört auch, der eigenen Bevölkerung zu vertrauen. Das heißt auch, nicht der Bevölkerung Angst einzujagen, aber ihnen doch zu erklären, wie eine gewisse Lage einzuschätzen ist und wie die Antwort der Politik darauf sein könnte. Mir sagte mal ein junger Mann, »ich ertrage die Wahrheit deutlich mehr, auch wenn sie mich persönlich tangiert, als von den Entscheidungsträgern als ›Vollpfosten‹ behandelt zu werden«. Die Augen vor der Realität zu verschließen, sei Kindern gegönnt, es dem Staatsbürger zuzumuten, ist ein Fehler.

Menschen kann man also durchaus auch weniger gute Nachrichten vermitteln. Schwachstellen der eigenen Arbeit hinter Geheimhaltung verstecken zu wollen, ist ein Fehler. Mit Transparenz und Fakten entzieht man Spekulationen die Grundlage und kann falsche Annahmen entkräften. Es war, um ganz konkret zu sein, nicht hilfreich, dass die Berichte zur Einsatzbereitschaft der Hauptwaf-

III. DEUTSCHLANDS AUFGABEN

fensysteme der Bundeswehr in der Vergangenheit komplett geheim gehalten wurden. Eine Versachlichung der Debatte über den Zustand der Bundeswehr wurde so erschwert. Natürlich gibt es Grenzen der Transparenz. Zum Beispiel als die Medien zu Beginn der Waffenlieferungen an die Ukraine minutengenau über Start, Route und Ankunft der Lieferungen berichten wollten. Damit hätten sie es der russischen Militärführung leicht gemacht, diese Unterstützung aufzuklären.

Wenn wir Politiker wollen, dass die Bevölkerung, die uns schließlich gewählt hat, unser Handeln nachvollziehen kann, müssen wir Missstände benennen, Motive und Ziele artikulieren und gegebenenfalls auch unangenehme Nachrichten überbringen, selbst wenn es dafür keine medialen Streicheleinheiten gibt. Das gehört dazu, wenn man Verantwortung übernommen hat. Mir ist bewusst, dass ein schmaler Grat zwischen Alarmismus auf der einen und Beschönigen auf der anderen Seite verläuft. Niemandem ist geholfen, wenn man in der Öffentlichkeit den Teufel an die Wand malt und mögliche Unruhen herbeischreibt, aber so zu tun, als ob nichts sei, kann auch nicht der richtige Weg sein.

In der Europäischen Union

Dass nach dem Zweiten Weltkrieg zuvor über Jahrzehnte verfeindete Staaten zusammengefunden haben und bis heute in der Europäischen Union sehr eng kooperieren, ist eine segensreiche Entwicklung. So groß unser aller politischer und wirtschaftlicher Nutzen bereits ist, so groß ist doch auch die Hoffnung, die darüber hinaus mit der EU verbunden ist: die Hoffnung, dass dieser Staatenbund als leuchtendes Beispiel für völkerübergreifende Zusammenarbeit und als Verteidigerin von Menschenrechten, Freiheit und Demokratie im Wettbewerb der Systeme bestehen wird. Wir alle setzen uns dafür ein, dass die EU gemeinsam mit den USA und Kanada sowie unseren Verbündeten im pazifischen Raum eine breite Front der Demokratie bildet.

Die Mitgliedsstaaten haben nicht nur Kompetenzen an Brüssel abgegeben, sie haben dort vor allem Kraft und Ressourcen konzentriert. Wenn die EU als Ganzes auftritt, entfaltet dies eine viel größere Wirkmacht als ein Konzert aus 27 Einzelstimmen. Die Betonung liegt allerdings auf dem Wort »wenn«. Zu leicht kann der Eindruck der Zerrissenheit entstehen, wenn einzelne Staats- und Regierungschef Entscheidungen blockieren, die der Rat einstimmig beschließen muss. Dieses faktische Vetorecht

III. DEUTSCHLANDS AUFGABEN

nutzen Staaten wie zum Beispiel Polen und Ungarn immer wieder aus, um ihrerseits Zugeständnisse einzufordern. Will die EU aber als außenpolitischer Akteur auf dem internationalen Parkett ernst genommen werden, muss sie das Einstimmigkeitsprinzip in der Außen- und Sicherheitspolitik überwinden. Die Alternative wäre, wie in anderen Politikbereichen auch mit qualifizierter Mehrheit zu entscheiden. Dabei müssen fünfzehn von siebenundzwanzig Staaten zustimmen, die mindestens fünfundsechzig Prozent der Bevölkerung der EU darstellen. Damit sind enge Entscheidungen zu kontroversen Themen ausgeschlossen und eine Blockade wird weniger wahrscheinlich.

Doch in der jetzigen Regelung bleibt es paradox: Auf der einen Seite stehen die Erkenntnis, gemeinsam mehr bewirken zu können, und die Aufstellung eines eigenen Hohen Vertreters für Außen- und Sicherheitspolitik. Auf der anderen Seite steht bei einigen Mitgliedsstaaten die große Angst, das eigene Vetorecht aus der Hand zu geben. So bleibt die Handlungsfähigkeit der EU in den Fragen der Außen- und Sicherheitspolitik eingeschränkt.

Dabei hat es auf diesem Feld in den vergangenen Jahren Fortschritte gegeben. Die Begründung der PESCO (permanent structured cooperation – ständige strukturierte Zusammenarbeit) war ein wichtiger Schritt in Richtung einer europäischen Verteidigungsunion. Hier stehen wir ohne Frage noch am Anfang, aber der ständige Austausch untereinander ist extrem wichtig, um Streitkräfte und Ausrüstung auf lange Sicht europaweit zu harmonisieren. Diese verstärkte Zusammenarbeit kommt auch der NATO zugute. Die europäische Säule, die innerhalb der NATO als die militärisch schwächere gilt, wird dadurch gestärkt. Wir müssen den eingeschlagenen Weg konsequent in Richtung einer europäischen Armee weitergehen. Aus meiner Sicht wäre es sinnvoll, wenn die wachsende Bedeutung der europäischen Verteidigungspolitik auch in der Zusammensetzung der Kommission zum Ausdruck käme. Ein eigener Kommissar für Verteidigungspolitik könnte die verstärkten Bemühungen der Mitgliedsstaaten koordinieren und gezielt vorantreiben.

In der Innenpolitik muss die Europäische Union sich wieder auf das besinnen, was den Staatenbund im Kern zusammenhält: Die EU ist eine Wertegemeinschaft, deren Gemeinsamkeiten weit über Interessen der Wirtschaft und der Sicherheit hinausgehen. Es ist wichtig, dass wir unsere Grundwerte nie aus dem Blick verlieren, gerade angesichts besorgniserregender Entwicklungen. Die Europäische Union darf nicht zulassen, dass sich eines ihrer Mitglieder zu einem autoritären System entwickelt.

Wenn man den Begriff der europäischen Wertegemeinschaft wirklich ernst nimmt, dann muss die Union auch in Zukunft für europäische Staaten mit gleichen Wertvorstellungen die Tür öffnen. Staaten mit einer klaren Orientierung zum Westen, die in den letzten Jahren demokratisch deutliche Fortschritte gemacht haben, sollten eine realistische Perspektive auf einen EU-Beitritt erhalten. Wir dürfen es nicht riskieren, dass diese Staaten sich von Europa abwenden und von Russland oder China instrumentalisiert werden. Die Gefahr ist real, dass Russland weiter versucht, Europa zu destabi-

III. DEUTSCHLANDS AUFGABEN

lisieren, indem es Satellitenstaaten schafft oder sich anschickt, die Länder ohne Bündnisschutz militärisch einzunehmen.

Heute ist insbesondere auf dem Westbalkan sowie in Moldau und Georgien die Angst vor Russland sehr groß. Viele der Menschen dort haben Krieg und Unterdrückung erfahren. In Georgien und Moldau sind noch ganze Landesteile von russischen Truppen und Separatisten besetzt. In den Staaten des ehemaligen Jugoslawiens sind die Wunden der Kriege der 1990er-Jahre noch immer nicht vollständig verheilt. Einzig Slowenien und Kroatien haben einen schnellen Weg in die EU gefunden. In Bosnien, Serbien und dem Kosovo stehen immer noch massive ethnische Spannungen einem EU-Beitritt entgegen. Aber auch hier gilt, dass sie von der EU begleitet und dass ihnen Lösungen angeboten werden müssen.

Die Menschen, gerade in diesen Ländern, wünschen sich nichts mehr als Sicherheit, Stabilität und Perspektiven. Hier hat die EU eine große Verantwortung, die sie wahrnehmen muss. Auch wenn Beitrittsprozesse lange währen können, so rückt bereits der Weg dahin den Kandidaten näher an die Europäische Union heran. Deren Erweiterung so zu gestalten, dass ihre Handlungsfähigkeit nicht eingeschränkt wird, ist eine große Herausforderung. Allein wenn es darum geht, in der eigenen Bevölkerung Vorurteile anderen Ländern gegenüber abzubauen.

In der NATO

Die NATO ist in diesen Monaten herausgefordert wie noch nie seit ihrer Gründung. Dass Russland seinen Großmachtfantasien nicht nur verbal freien Lauf lässt, sondern unmittelbar an der NATO-Ostgrenze einen Angriffskrieg vom Zaun bricht, ist eine neue Dimension der Gefahr und bedroht alle Länder des nordatlantischen Bündnisses. Die NATO ist ohne Zweifel das wirkungsvollste Verteidigungsbündnis der Welt. Gegründet nach dem Zweiten Weltkrieg, hat sich die Idee der Abschreckung als richtig und wirkungsvoll erwiesen. Die Sowjetunion hat nie einen Erstschlag gewagt.

Wir befinden uns aber heute nicht, wie von manchen kolportiert, in einem erneuten Kalten Krieg. Heute erleben wir die Herausforderung unseres demokratischen Systems durch einen Autokraten. Diese Auseinandersetzung ist existenziell für unser heutiges und für unser zukünftiges Leben. Zum Glück zeigt die NATO konkreter und konsequenter denn je ihre Stärke. Jede Aktion und jede Reaktion der Allianz wird nicht nur in Moskau, sondern auch in Peking genau wahrgenommen.

Aber auch aus den NATO-Hauptstädten blickt man ins Brüsseler Hauptquartier des Bündnisses. Denn die Furcht vor dieser Form des Konfliktes, den wir jetzt erleben, war

III. DEUTSCHLANDS AUFGABEN

der Grund dafür, warum auch ehemalige Mitglieder des Warschauer Paktes der NATO beigetreten sind. Und diese konkrete russische Bedrohung führte nun dazu, dass Finnland und Schweden, jahrzehntelang bündnisneutral, die Mitgliedschaft beantragt haben. Für uns Europäer eine Freude, sind beide Länder doch enge Partner in der EU, strategisch für die NATO ein riesiger Benefit, da geographisch die Lücke im Nordosten des Bündnisgebietes geschlossen wird. Schweden trägt unter anderem mit seiner Marine und Finnland mit einer starken Luftwaffe und Bodentruppen entscheidend dazu bei.

Und so erfüllt die NATO in diesen Krisenzeiten für die knapp eine Milliarde Menschen, die in den Mitgliedsstaaten leben, ihre Funktion, Frieden und Sicherheit zu garantieren. Erreicht Krieg NATO-Territorium, wird das Militärbündnis unmittelbar reagieren. Um diese Aufgabe zu erfüllen, wurde umgehend die NATO-Präsenz in den osteuropäischen Ländern, an der Grenze zu Russland, massiv erhöht.

Putin kämpft mit seinem Krieg gegen die Freiheit und versucht zu verhindern, dass die Ukraine der NATO beitritt, damit diese nicht weiter an die russische Grenze heranrückt. Doch genau das hat er mit dem Krieg ausgelöst, da sich die direkte Grenze zwischen Russland und der NATO mit dem Beitritt Finnlands um über 1350 Kilometer verlängert.

Durch Russlands Angriff herausgefordert, durch die Beitritte Schwedens und Finnlands erweitert, muss die NATO ihre Konzepte und Szenarien zur Bündnisverteidigung anpassen. So wird die maritime Verteidigung in der Ostsee eine noch größere Rolle spielen. Zusätzlich müssen wir die sogenannte schnelle Eingreiftruppe massiv stärken, die in kürzester Zeit an die Außengrenzen verlegt werden kann. Die sogenannte Stolperdrahtfunktion der Truppen im Baltikum und in Polen muss von unmittelbar nachfolgenden Einheiten unterstützt werden.

Diese Anforderungen werden den Mitgliedsstaaten viel abverlangen. Die meisten hatten den Ausbau ihrer Streitkräfte als Reaktion auf die Annexion der Krim noch nicht abgeschlossen. Die neuen Pläne werden auch Deutschland vor gigantische Herausforderungen stellen, die zugesagten Beiträge wirklich zu leisten. So müssen wir bis 2024 15 000 Männer und Frauen, entsprechend ausgerüstet und ausgebildet, bereithalten.

Zum anderen wird die NATO auch politisch präsent sein und überzeugen müssen, die Balance zu finden, um einerseits abzuschrecken und andererseits auch keinen kriegerischen Konflikt zu provozieren: Wer den Frieden in Freiheit will, muss bereit und in der Lage sein, diesen jederzeit auch mit Waffengewalt zu verteidigen.

IV.
WAS SICH ÄNDERN MUSS

Wir können viele der aktuellen Aufgaben bewältigen und eine lebenswerte Zukunft gestalten, ohne die gegenwärtige Form des Zusammenlebens komplett auf den Kopf zu stellen. Wir werden einiges ändern müssen, wollen wir unser Leben und das unserer Kinder und Enkelkinder in Frieden und Freiheit bewahren. Diese Aufgaben, die wir jetzt sofort angehen können, habe ich skizziert. Vor allem aber müssen wir uns mental darauf einstellen, streitbar zu sein: bereit zu sein, unsere Werte zu verteidigen.

Besonders in der jungen Generation sehe ich die Bereitschaft, vieles anders, möglicherweise besser zu machen, als ihre Eltern und Großeltern ihnen das vorgelebt haben. Sie haben gelernt, anders auf die Welt zu blicken als meine Generation der Babyboomer. Überraschend ist das nicht. Jede Generation steht vor neuen Herausforderungen, ist eingebettet in ihre jeweilige Gegenwart.

Meine Generation, die in den 1950er- und 1960er-Jahren geboren und aufgewachsen ist, hat das Thema Krieg schon allein aufgrund der deutschen Teilung vor Augen gehabt, aber glücklicherweise keinen erleben müssen. Es gab Generationen deutscher Soldaten, die nie in einem Krisengebiet oder in einem gefährlichen Einsatz waren. Für die ihre ursächliche Aufgabe, im Krisenfall zu kämpfen, theoretisch blieb. Alle waren bereit und gerüstet, erlebten aber nicht den Ernstfall.

IV. WAS SICH ÄNDERN MUSS

Ohne Zweifel ein unvorstellbares Glück. Das hat uns in der militärischen wie zivilen Gesellschaft allerdings auch träge gemacht. Die möglicherweise auf uns zukommenden Gefahren wurden auch im politischen Raum nicht mehr mitgedacht. Im Gegenteil, mit dem Andauern der längsten Friedensperiode in Europa verließ uns der Instinkt, die Gefahr zu wittern und uns darauf vorzubereiten, dass die Welt keine statische ist, sondern immer in Bewegung. Im Guten, aber eben auch im Schlechten. Dass im Krisen- und Kriegsfall die zivile Gesellschaft geschützt werden muss, ist logisch, aber noch vor kurzer Zeit wurde das als unrealistisch erachtet. Ein militärischer Angriff war unvorstellbar.

Auch wenn Prognosen problematisch sein können, und wir uns nicht in einer lokalen, sondern in einer globalen Krise befinden, wage ich einige Thesen, wie sich unsere Zukunft gestalten könnte. So verstehe ich mein Mandat als Bundestagsabgeordnete, die die Weichen mitstellen sollte für die Zukunft unseres Landes. Ohne eine Ahnung von dem, was da kommen mag, geht es nicht. Und dass wir die Erfahrungen der Vergangenheit nicht einfach und ohne einen Plan B zugrunde legen dürfen, das haben wir nun gründlich gelernt.

Sicherheitspolitik

Als sich die Lage in der Ukraine kurz vor Kriegsbeginn verschärfte, begann sich die breite Öffentlichkeit in Deutschland verstärkt mit Sicherheitspolitik zu beschäftigen. Es wurden Ursachen des Konfliktes, Strategien und nach Kriegsausbruch auch die Eigenschaften von Waffensystemen erörtert. Wie schon in den Debatten zur Corona-Politik gab es viel Interesse an dieser neuen Thematik. Durch eine breite Berichterstattung in allen Medien und TV-Runden zur besten Sendezeit bekamen viele Menschen die Chance, sich darüber zu informieren. Die Frage, wie es um Deutschlands äußere Sicherheit bestellt ist, bekam durch Russlands Angriff auf die Ukraine eine enorme Relevanz.

Ich habe bei diesem Thema einen fachlichen und etwas sensibleren Blick auf die Gesellschaft und bereits vor Jahren festgestellt, dass insbesondere die jüngeren Jahrgänge, Jugendliche an den weiterführenden Schulen, an Sicherheitsfragen sehr interessiert sind. In den Schulklassen, ob in der Gesamt- oder Berufsschule, am Gymnasium oder an den Hochschulen, wollten die Schülerinnen und Schüler, die Studentinnen und Studenten vor allem etwas zur Bundeswehr und deren Auslandseinsätzen hören. Sie folgten meinen Ausführungen sehr aufmerksam und

IV. WAS SICH ÄNDERN MUSS

stellten interessiert Fragen, auch nach der Wehrpflicht. Diese Begegnungen machen mir Hoffnung, dass unsere Streitkräfte bald nicht mehr nur mit »wohlwollendem Desinteresse« betrachtet werden, wie der damalige Bundespräsident Horst Köhler es vor fast zwanzig Jahren formulierte.

Es ist wichtig zu verstehen, dass uns vieles von dem angeht, was im Rest der Welt passiert. Nicht, weil wir alle Probleme lösen könnten, nicht, um Weltpolizei zu spielen, sondern weil wir mittelbar betroffen sind von vielen Entwicklungen, auch wenn sie weit entfernt stattfinden mögen. Kriege im Nahen und Mittleren Osten, in Syrien oder Afghanistan etwa, Unruhen in der Sahelzone können Migrationsströme in Richtung Europa auslösen. Der zunehmende Wassermangel verursacht Bürgerkriege. Der Kampf um lebenswichtige Ressourcen wird von Terrororganisationen genutzt, um perspektivlose junge Menschen zu radikalisieren. Der Welthunger, heute verschärft durch den Angriff auf die Ukraine und die blockierte Ausfuhr von Weizen, trifft Abermillionen Menschen. Die Veränderung des Klimas vernichtet die Lebensgrundlage in ganzen Regionen. Pandemien werden zunehmen, Ressourcen sich weiter verknappen, und die Überbevölkerung droht im Verlauf des Jahrhunderts weiter zuzunehmen: Lebten 1958, dem Jahr meiner Geburt, drei Milliarden Menschen auf der Erde, sind es heute fast acht und könnten es 2080 mehr als zehn Milliarden sein. All diese Umstände gehen uns sehr wohl etwas an, weil die jeweiligen Szenarien unsere Sicherheit bedrohen und neben der Bündnisverteidigung auch immer wieder internationale Einsätze

SICHERHEITSPOLITIK

der Bundeswehr in Krisengebieten erforderlich machen können.

Im Zusammenhang mit dem zunehmenden Interesse für Sicherheitspolitik erhoffe ich mir auch mehr gesellschaftliche Akzeptanz für unsere Soldatinnen und Soldaten der Bundeswehr. Es gab wirklich Bürgerinnen und Bürger, die im kostenlosen Bahnfahren unserer Soldatinnen und Soldaten in Uniform den Beginn einer neuen Militarisierung der Gesellschaft sehen wollten. Langsam, aber sicher nähern sich Zivilisten und Angehörige der Streitkräfte wieder an. Viele Soldatinnen und Soldaten, mit denen ich auf meinen Reisen gerne das spontane Gespräch suche, haben mir von positivem Feedback berichtet.

Die Entfremdung zwischen Bundeswehrangehörigen und Bevölkerung begann nach dem Aussetzen der Wehrpflicht 2011. Das Thema »Bund« verschwand aus dem Blick der Familien, weil es nicht mehr anstand, sich nach dem Schulabschluss mit der Bundeswehr zu beschäftigen. Heute, zwölf Jahre später, ist vielen wieder klar, wofür wir die Bundeswehr brauchen.

Energie

Wasser kommt aus der Leitung, Strom aus der Steckdose und Gas von den Stadtwerken direkt ins Haus. Diese Selbstverständlichkeit ist angesichts der momentanen Probleme bei der Gas- und Stromversorgung Geschichte. Schon über das Jahr 2022 wurde immer wieder von Liefermengen, Sparmaßnahmen und dem Gastransport per Schiff berichtet. So sicher, wie der Staat dafür sorgen wird, dass insgesamt ausreichend Energie vorhanden sein wird, so sicher werden wir in den kommenden Jahren immer wieder darüber sprechen müssen, woher unsere Energie kommt und in Zukunft kommen soll. Dass wir uns gleichzeitig von Atomkraft und Kohleverstromung komplett und aus der Gasverstromung teilweise verabschieden wollten, macht die Lage besonders kompliziert.

Wir zahlen nun die Rechnung dafür, dass wir den Ausbau erneuerbarer Energien zu lange aufgeschoben haben. Außerdem hat die Regierung Merkel insbesondere beim Kauf von Gas und Öl nicht darauf geachtet, woher wir unsere Energie beziehen. In Zukunft muss klar sein, dass wir uns nicht in die Abhängigkeit einzelner Staaten begeben dürfen. Diese Diskussion wird uns noch lange begleiten: Wo kommt die Energie her und wofür soll sie vorrangig genutzt werden? Bis wir diese Frage endgültig geklärt und

ENERGIE

ein belastbares Konzept für die Zukunft gefunden haben, werden wir uns mit dem Einsparen von Energie beschäftigen, aber auch mit der temporären Verlängerung der Laufzeiten der drei noch am Netz befindlichen Atomkraftwerke. Jede Kilowattstunde der Stromerzeugung, die wir zusätzlich gewinnen, ist von großer Bedeutung.

Ressourcen

Gas ist nicht die einzige Ressource, deren Knappheit uns im Jahr 2022 bewusst geworden ist. Die wiederkehrende Dürre macht uns in Deutschland und weiten Teilen der Welt zu schaffen. Auch hier beginnen die Menschen, bewusster mit der Ressource umzugehen, und versuchen, übermäßigen Gebrauch zu reduzieren.

Die dramatische Lage in den ukrainischen Schwarzmeerhäfen, in denen wochenlang das dringend benötigte Getreide nicht verschifft werden konnte, weil Russland die Ausfuhr verhindert hat, ist nur ein Vorbote dessen, was kommen wird, wenn es, insbesondere in der Ukraine, die befürchteten Ernteausfälle geben sollte. Davon unmittelbar betroffen könnten bis zu 190 Millionen Menschen sein. Die westliche Welt ist aufgefordert, den globalen Süden darin zu stärken, sich selbst zu ernähren. Die Abhängigkeit vom Westen muss minimiert werden.

Das alles führt uns vor Augen, dass nicht für alle immer alles verfügbar ist und verfügbar sein kann. In einer globalisierten Wirtschaft wird ein so eklatanter Mangel von lebenswichtigen Ressourcen auch für uns nicht folgenlos bleiben.

Bundeswehreinsätze

Zwei Jahrzehnte Einsatz in Afghanistan haben unsere Sichtweise auf Auslandseinsätze geprägt. Zwei Jahrzehnte, in denen bis zu hunderttausend deutsche Soldatinnen und Soldaten oft mehrmals im Einsatz waren. Wir standen neben vierzig anderen Nationen als zweitgrößter Truppensteller an der Seite der Vereinigten Staaten, nachdem der internationale Terrorismus am 11. September 2001 grausam gezeigt hatte, wie verletzlich eine offene Gesellschaft ist.

Der Rest ist Geschichte und wird die künftigen Einsätze der Bundeswehr prägen. Der Bundestag hat eine Enquetekommission eingesetzt, um diesen langen Einsatz zu untersuchen. Geblieben sind tragischerweise die Bilder des chaotischen Abzugs aus Kabul im August 2021.

Die Voraussetzung für zukünftige Auslandseinsätze muss sein, dass nicht nur ein politischer Wille vorliegt, sondern auch ein klares militärisches Ziel vorgegeben wird. Die Bundeswehr gleicht einem Anästhesisten, der einen Patienten vorübergehend ruhigstellt, damit die Operation erfolgen kann – durch diplomatische Verhandlungen und erfolgreiche Entwicklungszusammenarbeit. Wenn der Patient aus der Narkose aufwacht und die Operation nicht stattgefunden hat oder missglückt

IV. WAS SICH ÄNDERN MUSS

ist, kann das Militär nichts weiter erreichen. Eine Armee im Einsatz kann nur den Raum stabilisieren, die Probleme lösen müssen andere.

Die einerseits politischen, andererseits militärischen Ziele der Einsätze müssen also klar und realistisch sein. Insbesondere komplexe State-building-Vorhaben, bei denen die internationale Gemeinschaft versucht, einen komplett neuen Staatsapparat zu implementieren, sind nicht mal so eben nach westlichem Vorbild umzusetzen.

Das zeigen auch die derzeitige von der Europäischen Union geführte Ausbildungsmission in Mali, die das dortige Militär befähigen soll, die Sicherheit im Land in eigener Verantwortung zu gewährleisten, und der VN-Einsatz, der das Land nach dem Bürgerkrieg grundsätzlich stabilisieren soll. Es sind gefährliche Einsätze, aber von hoher strategischer Relevanz für ganz Europa. Denn durch Mali läuft ein breites Band des internationalen Terrorismus vom Mittelmeer (Libyen) quer durch die Sahelzone (Niger und Mali) über Westsahara bis zum Atlantischen Ozean. Noch wirkt der internationale Verfolgungsdruck, sodass der Terrorismus sich nicht in Richtung Europa ausbreitet. Aber die Sorge vor ihm ist berechtigt, ebenso wie die, dass durch die brutalen Terrorangriffe auf die Bevölkerung sich große Teile ebenfalls Richtung Europa auf den Weg machen könnten.

Die Aufgabe der Bundeswehr, neben der Lieferung von technischem Equipment, besteht darin, andere Armeen zu schulen; »train the trainer« kann durchaus sehr erfolgreich sein. Im Libanon zum Beispiel, wo unsere Soldatinnen und Soldaten seit 2006 im VN-Einsatz stehen, lie-

BUNDESWEHREINSÄTZE

ferte die Bundesrepublik hochmoderne Radarsysteme zur Überwachung des Seeraums und bildet die libanesische Marine aus.

Grundsätzlich gehören aber nicht nur Ausbildung und Kapazitätsentwicklung zu den Einsatzmöglichkeiten der Bundeswehr, sondern auch Kampfeinsätze. In der Vergangenheit haben wir unsere Verbündeten immer wieder enttäuscht, wenn es um die Frage ging, ob wir uns an robusten Einsätzen beteiligen. Besonders befremdlich ist es, wenn Deutschland eine Mission politisch ausdrücklich unterstützt, sich aber nicht aktiv an ihr beteiligen will. So geschehen unter anderem bei der Task Force Takuba, in der mehrere europäische Staaten unter der Führung Frankreichs in Mali aktiv waren.

Ich möchte solche Kampfeinsätze nicht herbeireden, aber die internationalen Partner, mit denen wir weltweit in die Einsätze gehen, erwarten von uns auch das militärische Engagement. Mir sagte auf einer Reise in Jordanien ein amerikanischer Soldat, dessen Camp neben dem deutschen Camp liegt, »wir sind die Kämpfer, die Deutschen die Lehrer«. Es war nicht despektierlich gemeint, aber diese Bemerkung ließ mich aufhorchen, zumal mir auch deutsche Soldaten bestätigten, dass ihnen diese Arbeitsaufteilung, vor allem, wenn man Camp an Camp im Einsatz ist, nicht sehr behage. Über hundert Soldaten und Soldatinnen sind derzeit in Jordanien stationiert und unterstützen dort die von den USA geführte Anti-IS-Koalition, indem sie Einsatzflugzeuge betanken.

Auf was ich hinauswill: Wenn wir es als grundsätzlich notwendig erachten, dass es einen robusten Militärein-

IV. WAS SICH ÄNDERN MUSS

satz geben soll, dann müssen wir auch bereit sein, uns an diesem zu beteiligen. Zumal andere Staaten, um unsere Leute zu schützen, die entsprechenden Fähigkeiten zur Verfügung stellen: Kampfhubschrauber, Kampfflugzeuge und bewaffnete Drohnen. Ziehen diese ab, wie in Mali durch Frankreich geschehen, haben wir ein ernsthaftes Problem, sind aber nicht bereit oder in der Lage, diese Fähigkeiten selbst einzubringen.

Deutschland muss führen

Insbesondere in Krisenzeiten blickt Europa auf Deutschland. Auf dieses große Land in der Mitte des Kontinents mit seinen vierundachtzig Millionen Einwohnern, seiner wirtschaftlichen Stärke, seiner stabilen Demokratie und seinen guten diplomatischen Beziehungen. Betrachtet man die heutige Lage, so ist Deutschland prädestiniert, mit Ideen voranzugehen und Führung zu übernehmen. Doch Deutschland weigert sich seit Jahren beharrlich, diese Rolle anzunehmen.

Während die Bundesregierung in wirtschaftlichen Fragen wie der Euro-Krise oder angesichts humanitärer Herausforderungen durch steigende Flüchtlingszahlen gerne den Ton gesetzt hat, galt Außen- und Sicherheitspolitik für manche bis mindestens Anfang 2022 immer noch als vermintes Gelände. Und selbst heute, nach dem russischen Überfall, gibt es ein Unbehagen: bloß keine Alleingänge. Was wir in Berlin dabei vergessen: Auch Nichtstun ist eine Handlung, die von unseren Partnern genau registriert wird. Gegen den Willen Deutschlands ist auf europäischer Ebene keine Initiative durchzusetzen. Insbesondere das Tandem Deutschland–Frankreich hat eine herausgehobene Position. Aber wenn wir wollen, dass im internationalen Kontext eine bestimmte Rich-

IV. WAS SICH ÄNDERN MUSS

tung eingeschlagen wird, dann müssen wir den Mut haben, voranzugehen oder wenigstens den Weg zu weisen. Wir dürfen uns nicht über die Passivität anderer wundern, wenn wir selbst Zurückhaltung als oberste Maxime ausgegeben haben.

Russland nach Putin

Solange Wladimir Putin russischer Präsident ist und solange Russland Angriffskriege gegen andere Staaten führt, wird es kein normales Verhältnis zwischen dem Westen und Russland geben. So lange sind wir aufgefordert, alles zu tun, um die russische Kriegsmaschinerie zu verlangsamen und das Land finanziell, wirtschaftlich und politisch zu isolieren. Dieser Zustand wird noch lange Zeit andauern. Ich bin überzeugt, dass sich die Ukraine mit westlicher Unterstützung erfolgreich verteidigen wird und ihre territoriale Integrität wieder herstellen kann. Doch danach kann die Beziehung zu Russland nicht einfach per Reset wiederhergestellt werden. Ohne einen echten Wandel an der Spitze des Staates, ohne den Willen, sich der wertegebundenen Welt anzuschließen und die Grenzen anderer Länder zu respektieren, können wir im Westen nicht zur Normalität zurückkehren.

Gespräche wird es nach Kriegsende geben müssen. Irgendwann. Und es wird ein Russland nach Putin geben. Es wird sich zeigen, ob die russische Gesellschaft in der Lage sein wird, den demokratischen Weg einzuschlagen. Nur wenn sich dieses neue Russland vom Imperialismus, den Kriegsverbrechen, den Gräueltaten und der hybriden Kriegsführung verabschiedet, kann es eine Chance auf

IV. WAS SICH ÄNDERN MUSS

eine erneute Annäherung geben. Mit diesem Russland können wir in einen Dialog treten, können Verhandlungen zu neuen Abrüstungsverträgen beginnen und wieder Vertrauen aufbauen. Das alles liegt in ferner Zukunft und wird auch die Aufgabe nachfolgender Generationen sein.

Die Welt im Ringen zwischen Demokratie und Autokratie

Russland ist ständiges Mitglied im Sicherheitsrat der Vereinten Nationen. Russland ist das flächenmäßig größte Land der Erde. Russland ist eine Atommacht. Das wird Russland auch dann bleiben, wenn sich angesichts des Krieges sein wirtschaftlicher Niedergang fortsetzt. Doch wir merken bereits jetzt, dass sich die Kräfteverhältnisse in der Welt verändern. Indien, Brasilien und Indonesien erlangen immer mehr Gewicht. Und auch die Staaten auf dem afrikanischen Kontinent streben eine stärkere Rolle im internationalen System an.

Über all dem steht die große Frage: Wie entwickelt sich Chinas Politik? Zwar hat sich die Volksrepublik noch nicht von Russland abgewandt, die Regime teilen ihren Hass gegenüber der freien, demokratischen Welt, aber das Abhängigkeitsverhältnis Russlands vom südlichen Nachbarn ist seit einigen Jahren deutlich. Möglicherweise wird der Konflikt Westeuropa gegen Russland nicht mehr ausschließlich globalen, sondern regionalen Charakter haben, während andernorts ganz andere Konflikte ausgetragen werden. Im pazifischen Raum etwa trifft

IV. WAS SICH ÄNDERN MUSS

China auf die USA und die anderen demokratischen Staaten Japan, Südkorea, Neuseeland und Australien.

Auch hier hat Deutschland bisher keine Antwort gefunden, wie mit dem Anspruch Chinas umzugehen ist, bis Ende der 2040er-Jahre die größte wirtschaftliche und militärische Macht global zu werden. China hat bereits jetzt die mächtigste Flotte der Welt und bedroht nicht nur Taiwan, sondern auch Staaten wie die Philippinen. Auch Merkels Chinapolitik, wirtschaftliche Beziehungen würden die Unterschiede der Systeme überwinden, steht auf dem Prüfstand. Große deutsche Unternehmen nahmen diese Politik dankbar an und investierten in den chinesischen Markt. Die Parallelität zu unserer naiven Russlandpolitik und den Folgen, auch wirtschaftlich, ist nicht zu übersehen.

Flucht und Vertreibung

Klimawandel und bewaffnete Konflikte werden auch in Zukunft Menschen aus ihrer Heimat vertreiben. Wenngleich wir alles in unserer Verantwortung Stehende tun sollten, um Fluchtursachen zu bekämpfen, dürfen wir nicht naiv sein. Denn die Verdrängung der Wirklichkeit hat dazu geführt, dass wir 2015 unvorbereitet waren, als die Flüchtlinge aus Syrien, Afghanistan und afrikanischen Staaten nach Europa drängten. Zwanzig Jahre zuvor hatten wir Hunderttausende Menschen aus Jugoslawien aufgenommen, doch 2015 hat es so gut wie keine kommunalen Flüchtlingsunterkünfte gegeben. Offensichtlich war man in den Rathäusern der Auffassung, die vielen Flüchtlinge, die täglich auf der italienischen Mittelmeerinsel Lampedusa ankamen, seien das Problem der Italiener. Schließlich galt jahrelang, dass Flüchtlinge in dem europäischen Land, in das sie zuerst ihren Fuß setzen, ihren Asylantrag stellen müssen. In den seltensten Fällen betraf das Deutschland.

Möglicherweise haben wir aus diesen Fehlern gelernt, denn Aufnahme und Verteilung ukrainischer Flüchtlinge haben ausgesprochen gut funktioniert, auch deshalb, das gehört zur Analyse dazu, weil es sich nicht wie 2015 um fast ausschließlich junge Männer aus dem Nahen und

IV. WAS SICH ÄNDERN MUSS

Mittleren Osten oder aus Afrika handelt, sondern um überwiegend Frauen und Kinder, die aus unserem Kulturkreis stammen und auf der Flucht oft ihre Familien- und Freundesnetzwerke nutzen konnten.

Wenn wir etwas aus der Aufnahme von Flüchtlingen, der medizinischen und pharmazeutischen Versorgung zu Beginn der Corona-Pandemie und der Abhängigkeit vom russischen Gas gelernt haben sollten, dann das: Manche Rohstoffe, Produkte, Kapazitäten und Fertigkeiten sollten wir zwingend vorhalten, auch wenn wir sie nicht akut benötigen. Die auf Effizienz getrimmte Just-in-time-Bewirtschaftung ist extrem störungsanfällig und damit gefährlich. In einer Zeit, in der Lieferketten nicht mehr selbstverständlich funktionieren und unterschiedlichste Probleme auf uns zukommen können, müssen wir uns selbst versorgen können.

Ich bin sicher, dass unsere Gesellschaft bereits viel weiter ist, als mancher politische Kollege glauben mag. Sie hat in großen Teilen verstanden, dass die Menschen, die bei uns Schutz suchen, eben nicht bald wieder gehen, sondern bleiben, was sich übrigens auf unserem Arbeitsmarkt noch als Glück herausstellen könnte. Wir sollten Flüchtlinge daher vom ersten Tag an zu integrieren beginnen und ihnen Deutschlands Werte und Spielregeln vermitteln. Mit der klaren Konsequenz, dass diejenigen, die unser Grundgesetz infrage stellen, die Autoritäten nicht respektieren, sich nicht an unsere Gesetze halten und ihre antidemokratischen Vorstellungen und hierarchischen Familienstrukturen hier ausleben wollen, Deutschland, wo de jure möglich, wieder verlassen müssen. Das Hinnehmen antidemokratischen und menschenverachtenden Verhaltens entzieht uns auf Dauer unsere Lebensgrundlage. Denn Toleranz den Intoleranten gegenüber zerstört unsere liberale Gesellschaft.

Europäische Union

Auf der EU liegen viele Hoffnungen, wenngleich es in der Bevölkerung erhebliche Zweifel an ihren Institutionen gibt. Kaum eine Organisation wird so sehr auf der einen Seite für ihre friedens- und wohlstandsstiftende Leistung geliebt und auf der anderen Seite für ihre Bürokratie und Langsamkeit gescholten. Doch wenn das überspannende Thema dieser Krisenjahre ist, sich auf das Wesentliche zu besinnen, dann kann die EU nur gewinnen. Denn sie garantiert den Schutz des Wesentlichen: Freiheit, Demokratie, Wohlstand, Sicherheit. Dessen müssen wir uns als Europäerinnen und Europäer bewusst sein. Selbstverständlich läuft nicht alles perfekt und die Mühlen der Bürokratie mahlen in Brüssel langsam, aber das sind im Vergleich zu dem, wovor uns diese Union schützt, geringe Probleme. Aus diesem Selbstverständnis heraus kann ein souveränes und wehrhaftes Europa erwachsen, das sich für die Interessen seiner halben Milliarde Einwohner einsetzt.

Noch entscheidender als die Frage nach dem inneren Zustand Europas wird aber sein, wie die EU mit denen umgeht, die nicht Teil dieser Union sind. Das trifft sowohl auf die Staaten zu, die am Rande Europas auf ihre Beitrittsgespräche warten und darauf hoffen, einmal Mitglied der EU zu werden. Das trifft aber auch auf die Menschen zu, die immer noch zu Hunderttausenden versuchen, nach Europa zu gelangen. Es ist elementar, dass die Europäische Union die jeweiligen Verfahren deutlich besser kontrolliert. Es sollte mit allen beitrittswilligen Staaten einen ständigen Dialog geben. Und wir müssen endlich eine europäische Lösung für die faire Verteilung von Flüchtlingen und den menschenwürdigen Umgang mit ihnen finden. Am Umgang mit den Schwächsten misst sich der Wert einer Gesellschaft.

Appell

Unsere Lage mag in manchen Momenten düster aussehen, unsere Zukunft ist es auf keinen Fall. Wir haben jetzt die Chance, eine Zukunft zu formen, die unseren Vorstellungen entspricht und uns ein lebenswertes Leben ermöglicht. Aber wir müssen diese Herausforderung und diese Aufgaben annehmen – als Gesellschaft, als Politiker und als Teil der internationalen Gemeinschaft. Dabei müssen wir unsere Rolle im Konzert der Staaten neu definieren:

Unsere Geschichte ist die Basis, die Weltordnung von heute der Ausgangspunkt verantwortungsvoller Außenpolitik. Wenn politisch Verantwortliche meinen, Deutschland dürfe keine »Führungsrolle« übernehmen, sondern ausschließlich die »Vermittlerrolle«, dann verkennen sie: Der Vermittler in Krisen zu sein, ist kein Selbstzweck. Der Vermittler wirkt nicht, indem er Verantwortung scheut, er wirkt, weil er Verantwortung übernimmt. Deutschland ist fast acht Jahrzehnte nach Kriegsende ein im Inneren gefestigter demokratischer Staat. Es ist Zeit, auch aus Respekt den Staaten gegenüber, die an uns jahrzehntelang geglaubt und uns unterstützt haben, Verantwortung zu übernehmen und den Werten der freien Welt entsprechend zu führen.

Dank

Dank an mein fabelhaftes Team im Deutschen Bundestag, welches mich seit Jahren engagiert, mit viel Humor und Geduld begleitet. Besonderer Dank gilt meinem wissenschaftlichen Mitarbeiter Marten Neuenhaus, ohne dessen Unterstützung und geistigen Input ich mich nie auf dieses Abenteuer eingelassen hätte.

AUFZEICHNUNGEN AUS EINER BRENNENDEN STADT

ALLE LIEFERBAREN TITEL, INFORMATIONEN UND SPECIALS
FINDEN SIE ONLINE

Auch als **eBook**   www.dtv.de **dtv**

DIE WEIBLICHE STIMME AFGHANISTANS

ALLE LIEFERBAREN TITEL, INFORMATIONEN UND SPECIALS
FINDEN SIE ONLINE

Auch als **eBook**   www.dtv.de **dtv**

DIE MENSCHEN, DIE UNSERE POLITIK BESTIMMEN

ALLE LIEFERBAREN TITEL, INFORMATIONEN UND SPECIALS FINDEN SIE ONLINE

Auch als **eBook**　　　www.dtv.de **dtv**

NEWSLETTER

Bleiben Sie immer
auf dem Laufenden mit unserem
kostenlosen Newsletter!

Gerne möchten wir Sie in unserem Newsletter
persönlich ansprechen und Ihnen Informationen
schicken, die Ihren Interessen entsprechen.

ALLE LIEFERBAREN TITEL, INFORMATIONEN UND SPECIALS
FINDEN SIE ONLINE

www.dtv.de dtv